Croix de bois, croix de fer...

L'inspecteur Cadin gara sa Renault 4 près de l'église Saint-Pierre-le-Jeune, glissa la photocopie de son autorisation provisoire de stationnement derrière le pare-brise pour éviter d'aller reprendre sa voiture à la fourrière, comme la semaine précédente, puis il remonta à pied vers la rue de la Nuée-Bleue. Il pleuvait et il se demanda ce qui, depuis toujours, le retenait d'acheter un parapluie. On ne lui avait encore pas attribué de place de parking. Il ne disait rien et se contentait de grincer des dents lorsqu'il traversait la vaste cour du commissariat central, devant l'alignement des bagnoles appartenant aux épouses des divisionnaires. Le gardien en faction ne fit même pas l'effort de le saluer. Une imperceptible inclinaison de la tête. L'inspecteur grimpa les marches une à une et poussa la porte en s'aidant du pied. Son regard se porta directement sur une môme immobile, assise sur le fameux banc que ses collègues appelaient le banc des divorces depuis qu'ils avaient pris l'habitude d'y faire patienter les couples déchirés, les familles au bord de la guerre civile...

La gamine ne devait pas avoir plus de quatorze ans.

Elle était abandonnée dans ce coin de la salle d'accueil, les genoux serrés, la tête inclinée vers ses tennis bariolés, et son teddy vert orné du blason d'une quelconque université américaine jurait sur la peinture délavée du commissariat. De temps en temps elle portait une main à son visage et s'essuyait le nez en reniflant bruyamment. Au-dessus d'elle la poussière noircissait les noms, gravés dans le faux marbre, des flics morts pour la France ou tués en service. Plus loin, près du comptoir des mains courantes, les policiers de la patrouille de milieu d'après-midi traitaient la petite dizaine de types ramassés dans les rues et les cités, les clodos sortis des wagons en attente de nettoyage à la gare centrale. On s'interrogeait en alsacien, mais les doigts des flics couraient en français sur les touches de leurs Japy hors d'âge. Cadin se dirigea vers la gamine et s'accroupit devant elle.

— Ça n'a pas l'air d'aller... Qu'est-ce que tu fais là ? Tu es toute seule...

Elle souleva rapidement les paupières puis repiqua du nez. L'inspecteur se remit debout. Ses doigts s'attardèrent dans la chevelure ondulante de la jeune fille avant de plonger dans sa poche de veste. Il tendit sa main ouverte, la paume légèrement creusée, en forme de coupelle.

— Tu as faim ?

Elle hésita quelques fractions de seconde et se décida à prendre les noisettes cueillies la veille, alors qu'il vérifiait les déclarations d'un témoin, pour une affaire de came, dans les environs de la centrale nucléaire de Marcheim. Elle balbutia un merci et se mit à casser la coque des fruits entre ses dents. Cadin s'approcha de Haueser, un flic minuscule capable de reconnaître au seul pétillement de la mousse une Gruber d'une Adeslshoffen, une Schutzenberger d'une Mutzig, et qui avait également la particularité d'être le seul flic barbu de toute l'agglomération strasbourgeoise.

— Qu'est-ce qu'elle fout là, cette môme ? Personne ne s'occupe d'elle ?

Haueser donna un coup de menton en direction du fond de la salle, et le gars dont il débrouillait l'affaire (une vague histoire de déclenchement intempestif de sirène d'alarme au moment précis où le suspect passait devant une boutique de fringues) traîna sa carcasse jusqu'à la porte des vestiaires.

— Si... On cherche ses parents depuis deux heures... Les flics de la brigade des mineurs sont en route, eux aussi mais le dimanche ils ne sont que deux pour tout le département. On ne peut rien faire d'autre qu'attendre...

Cadin posa sur le comptoir les quelques noisettes retrouvées en glissant l'extrémité de ses doigts par les déchirures en pleine croissance qui faisaient communiquer entre elles toutes les poches de sa veste.

— Qu'est-ce qu'elle a fait comme connerie ?

— Aucune... Elle jouait avec des copains dans le petit parc, derrière le palais du Rhin. Il y a toujours des vieux qui passent leur temps à les regarder mais ils n'y font pas attention. D'après ce qu'elle dit un type a profité de ce qu'elle était un peu à l'écart pour lui proposer de venir s'allonger dans les taillis...

Cadin esquissa une grimace, creusant des rides sur son front. Il jeta un regard vers l'angle de la salle. La gamine s'était levée et, hissée sur la pointe de ses tennis, elle tuait le temps en déchiffrant les noms écrits dans la pierre. La pose lui creusait les reins, troublant l'image enfantine qu'elle renvoyait, une minute plus tôt, recroquevillée sur le banc.

— Il lui a fait quelque chose ?

Haueser alluma une cigarette. La flamme vacillante de l'allumette racornit quelques-uns de ses poils et une écœurante odeur de roussi se mêla à celle, plus agressive, du tabac grillé.

— Oui et non... Il parlait tout bas et elle n'a pas compris tout de suite ce qu'il voulait. Elle s'est approchée, sans se méfier, en lui demandant de répéter, et il lui a pris les bras pour l'entraîner de force. Elle s'est mise à crier et ses copains ont rappliqué immédiatement. Deux d'entre eux l'ont accompagnée ici et quand je me suis pointé au square du palais du Rhin avec Brüner, le reste de la bande m'attendait avec le satyre...

— Comment ça ? Vous l'avez arrêté ?

Haueser se mit à rire, une sorte de hoquet silencieux qui lui agitait trois ou quatre fois les épaules, dix dans les grandes occasions, et qui avait le don d'exaspérer l'inspecteur.

— Ils ont fait tout le boulot à notre place : on s'est juste donné la peine de lui passer les bracelets... C'est vraiment formidable, non ? Ça doit être la première fois que ça m'arrive en dix ans de métier ! Il y avait au moins cinquante personnes autour de lui. Il ne leur manquait que la corde, et il a vraiment eu l'air soulagé en nous voyant rappliquer... On l'a mis dans la cage, au sous-sol.

Cadin entra dans le bureau des inspecteurs, prit au passage *Les Dernières Nouvelles d'Alsace* posées dans la corbeille métallique du courrier Préfecture, et s'installa près de la fenêtre. Il survola le dossier « Spécial municipales », dans lequel chaque candidat à la mairie de Strasbourg détaillait son programme en essayant désespérément de trouver la plus petite différence avec ceux de ses adversaires. Il feuilleta rapidement les pages régionales et dénicha les quelques lignes qui justifiaient à ses yeux, semaine après semaine, l'existence des journalistes, des rédactions, des agences de presse. Le titre traduisait à lui seul la gourmandise qui s'était emparée du rewriter de dépêches guettant la sortie de télex :

L'OMELETTE QUI TUE

Un semi-remorque en provenance d'Arradon (Morbihan) et transportant 25 tonnes d'œufs frais s'est renversé dans un fossé, sur l'autoroute de l'Est, à proximité de Clermont-en-Argonne. La remorque s'est entièrement disloquée, brisant plusieurs centaines de milliers d'œufs. Les gendarmes ont retrouvé le cadavre d'un homme au milieu de cette gigantesque omelette. Le conducteur, M. Jacques Scaërec, qui est sorti indemne de l'accident, a déclaré ne pas comprendre ce que cet homme faisait là. L'enquête devra déterminer s'il s'agissait d'un passager clandestin ayant profité d'une minute d'inattention du personnel lors du chargement du camion, ou alors d'une personne voyageant discrètement, en accord avec le chauffeur. Une autopsie est actuellement en cours pour déterminer les causes exactes du décès.

Cadin découpa l'article anonyme, le glissa dans son portefeuille et se mit à la fenêtre. Le patron de la pharmacie Müllener, les pieds plantés au milieu du trottoir, les poings fichés sur ses hanches, jugeait la nouvelle décoration de sa vitrine alors qu'une préparatrice, plus blonde encore que ne savent l'être les Alsaciennes, déplaçait le tronc marron bardé de bandes Velpeau, le canard animé vantant la vaccination antigrippe, ou les panneaux de pilules amaigrissantes. Vu de haut, sa bedaine cachait ses jambes, ses pieds, et l'inspecteur le regardait comme une molle toupie de chair posée à même le macadam. Les premiers temps, après avoir été affecté au commissariat de la Nuée-Bleue, il entrait acheter de l'aspirine, du sorbitol, et se contentait de lever les yeux au ciel quand le patron haussait le ton pour vérifier la commande d'une cliente : « Vous êtes sûr que vous ne voulez pas de suppositoires ? C'est pourtant plus efficace... », ou lorsqu'il posait une boîte caractéristique devant un étudiant coincé, en vrillant son regard sur celui du môme rougissant : « Les préservatifs, je n'en ai plus que des non-lubrifiés... Je vous donne de la vaseline avec ? Il n'y a rien de mieux... » Cadin n'était jamais intervenu et s'il achetait maintenant ses médicaments dans une pharmacie de l'ancien quartier juif, rue du Parchemin, ce n'était pas cette amplification intimidante de la voix qu'affectionnait le patron qui en était la cause, mais une photo rapidement vue au milieu de centaines d'autres, dans un énorme portfolio poussiéreux. Ce matin-là, l'inspecteur errait depuis une heure dans les couloirs de la préfecture, pistant, avec toujours un bureau de retard, le chef de cabinet du préfet afin de lui remettre le dossier confidentiel qu'il tenait sous son bras. Il avait fini par le rejoindre dans la salle de conférences dont les hautes fenêtres donnaient sur le rond-point de l'ancienne place du Kaiser, en pleine conversation avec l'un de ses meilleurs copains de fac, Dalbois. Cadin s'était acquitté de sa tâche puis, sur un discret clin d'œil de Dalbois, il l'avait attendu sur le palier. Ils s'étaient longuement serré la main, s'observant des pieds à la tête, Dalbois vérifiant la maigreur de Cadin, le regard de l'inspecteur s'attardant sur le muscle stomacal de Dalbois.

— Tu n'as pas changé, Cadin, on dirait que tu bouffes toujours au resto-U...

Il avait haussé les épaules, faussement désolé.

— Tu ne crachais pas dessus, à l'époque... Et toi, qu'est-ce que tu fous à Strasbourg ? Je croyais que tu travaillais à Paris...

Dalbois posa un doigt sur ses lèvres.

— Pas un mot, à personne : je suis en mission secrète !

Il prit Cadin par l'épaule et l'entraîna vers la salle de conférences.

— Non, tu as raison, je bosse à Paris, depuis près d'un an, à la direction générale des Renseignements généraux.

L'inspecteur marqua un temps d'arrêt.

— Les R.G. ! Tu es aux R.G. ! Je me souviens de tes théories, à la fac... Tu étais le premier à gueuler contre les tentatives de fichage, je me rappelle même que tu avais refusé de donner ton numéro de Sécurité sociale, pendant presque un an, parce que tu considérais que c'était une atteinte à la vie privée...

Dalbois se cala dans un fauteuil, amusé par la naïveté véhémente de Cadin.

— J'espère que je me trompais à l'époque, et pas maintenant : ce serait autrement plus emmerdant ! Et puis tu sais, on exagère beaucoup la puissance des services de renseignements... Tout le monde en a le trac, mais si tu voyais dans quel état sont les dossiers ! Dès qu'un ministre est nommé, sa première préoccupation est de faire nettoyer sa fiche et celles de ses amis, des types qui ont financé sa campagne... Pareil pour les députés, et tous ceux qui ont la moindre parcelle de pouvoir... Résultat, on est imbattables sur le pedigree des signataires de pétitions, on possède l'arbre généalogique du moindre écolo ramassé lors d'une manif antinucléaire, mais on est obligé de lire le journal pour compléter la bio du dernier énarque nommé en Conseil des ministres...

Cadin s'assit à son tour et tira à lui la bouteille de bière que Dalbois venait de sortir du bar. Il inclina le verre et fit glisser le liquide le long de la paroi.

— Arrête, tu vas me faire pleurer ! Tu es revenu pour quoi ?

Dalbois tendit le bras et fit retomber sa main à plat sur un grand carton à dessin posé sur la table.

— Pour ça... Approche-toi, tu vas être surpris...

Il dénoua les quatre rosettes grises et ouvrit le portfolio sur une première planche de papier dessin format raisin, jaunie, sur laquelle on avait collé une douzaine de photos sépia. Les légendes calligraphiées en français puis en allemand donnaient leur sens aux scènes de foule : *Le feldmaréchal Schutzlitch acclamé par les Strasbourgeois massés sur la rue des Grandes-Arcades. Hommage aux Combattants Alsaciens de la Wehrmacht, lors de leur départ pour le front.* Cadin tourna la première série de photos et découvrit un reportage consacré à la remise d'une médaille à la « mère méritante », dont deux fils venaient d'être tués, à l'Est. Il fixa Dalbois.

— Où est-ce que tu as trouvé ça ?

— A Colmar... Ils faisaient des travaux dans les sous-sols de la bibliothèque. Le bâtiment abritait des services de propagande nazis pendant la dernière guerre... Ils avaient une équipe de photographes-flics qui emmagasinaient le moindre événement en essayant de coller une croix gammée dans le cadrage. Le bibliothécaire a prévenu le maire qui a répercuté la nouvelle jusqu'à nous. Il y a environ deux mille photos sur Strasbourg, huit cents sur Mulhouse, et un bon millier sur Colmar. Tiens, regarde celle-là...

Cadin reconnut la perspective de la Grand-Rue, avec la façade de l'hôtel *Pax*, après le pont National. Toutes les vitrines des commerces, de la boulangerie au magasin de pompes funèbres, exposaient le même buste de Hitler, bronze noir sur fond de draperies sombres.

— C'était pour lui souhaiter un bon anniversaire... Je suis sûr que certains ont encore leur statuette à la cave, en souvenir. Tu as de tout : des mariages hitlériens pendant lesquels les notables en chemise trinquent avec les s.s. Têtes de Mort, des types avec un sourire grand comme la lune qui posent devant une baraque surmontée d'un écriteau : « Bureau de dénonciation de la police »...

L'inspecteur ferma les yeux et vint se placer debout devant la fenêtre. Il les rouvrit sur une pénichette remplie de touristes qui filait le long du quai Sturm, dans le fossé des Faux-Remparts.

— Et ça vous sert à quoi, toutes ces vieilleries ? Il y a

près de trente-cinq ans que l'opérateur a appuyé sur le bouton... Les types qui sont là-dessus sont soit morts soit grabataires...

— C'est ce que l'on croit... Les photos les plus récentes datent de 1944. Ceux que tu vois ici, dans ce défilé des Jeunesses hitlériennes de Strasbourg, avaient seize, dix-sept ans... Ils ont maintenant la cinquantaine... Leurs chefs en ont cinq, dix de plus... Tu connais l'âge moyen d'un maire en France ? Celui d'un adjoint, d'un conseiller général ? Exactement cinquante-cinq ans... On va faire des agrandissements et vérifier si on n'a pas un de ces zigotos en magasin...

Cadin revint près de la table, par curiosité, et il se pencha pour observer le visage des jeunes gens en habits kaki défilant en rangs impeccables au milieu de la rue Brûlée. Son regard s'arrêta sur la figure d'un chef de section qui brandissait un fanion surmonté d'un svastika. Dalbois l'observait.

— Tu as reconnu quelqu'un ?

— Non... Non... J'essayais de lire ce qu'il y avait sur le fanion.

A dater de ce jour il ne remit plus jamais les pieds dans la pharmacie Müllener, rue de la Nuée-Bleue.

Cadin se réinstalla devant son bureau et déchiffra les notes griffonnées à la hâte au travers des pages de son calepin. Il fit apparaître sur le papier les grandes lignes du rapport de synthèse sur le meurtre d'Alain Dienta, un militant écologiste dont on avait retrouvé le corps, le soir du premier tour des municipales, dans la pelle d'un bulldozer du chantier de la centrale nucléaire de Marcheim. Il classa les dossiers de toutes les personnes impliquées de près ou de loin dans l'affaire et se préparait à téléphoner au juge d'instruction quand les cris d'une femme et l'écho d'une bousculade venus de la salle de permanence l'alertèrent. Il se précipita. Un homme de forte corpulence était aux prises avec trois gardiens qui l'empêchaient d'ouvrir la porte menant au sous-sol. Le premier lui tenait un bras, l'autre tentait de le ceinturer tandis que le troisième, plaqué contre la porte, résistait aux assauts du colosse qui ne cessait de hurler tout en maintenant sa main crispée sur la poignée.

— Laissez-moi passer... Je sais que vous les mettez là.... Je vais m'en occuper de ce salaud...

La femme, une jolie blonde au maquillage ravagé par les pleurs, n'était pas de reste. Elle se tenait debout sous la plaque commémorative, serrant la gamine au teddy vert qui pleurait contre son corps. Sa voix haut perchée résonnait dans la salle carrelée et vrillait les tympans.

— Arrête, Germain... Je t'en supplie... Pense à la petite...

Haueser essayait de la faire asseoir, de la calmer, mais la femme, toutes griffes dehors, le repoussait violemment à chaque tentative. Tout d'un coup, n'y tenant plus, il lui mit une gifle qui claqua comme un coup de feu. Les cris cessèrent instantanément. Germain, qui était en passe de prendre le dessus, se figea et ses adversaires en profitèrent pour le tirer à l'écart de la porte d'accès au sous-sol. Cadin ordonna aux agents de le lâcher et se planta devant lui. L'homme ne bougea pas.

— Vous êtes le père de la petite ?

Il acquiesça et l'inspecteur marqua un temps d'arrêt.

— Je comprends ce que vous pouvez ressentir, mais ça ne sert à rien de vous énerver comme ça... On va devoir les confronter, c'est obligatoire, et si vous ne vous calmez pas, on sera obligé de remettre ça à demain... Je ne sais pas ce que vous en pensez, mais à mon avis il vaudrait mieux, pour votre fille, que tout se termine aujourd'hui. Non ?

L'homme respirait fort, par le nez, et ses épaules se soulevaient au rythme de son souffle. Il s'essuya le front du revers de la manche et agita ses mains devant le visage de l'inspecteur.

— Laissez-le-moi deux minutes, pas plus... Avec moi, la confrontation sera vite faite... Je n'ai besoin de rien d'autre que mes mains pour lui régler son compte à cette ordure ! Pas la peine d'emmerder la justice avec la pourriture qui s'attaque aux mômes... A quoi ça sert de les protéger ? De les mettre en taule ? Dès qu'ils ressortent, c'est pour recommencer... Ils ont ça dans le sang...

En six mois d'activité il avait déjà entendu ce refrain une bonne centaine de fois et il se trouvait toujours aussi dépourvu de réponse qu'au premier jour. Lui et ses collègues remplissaient les boxes des tribunaux que les juges transvasaient dans les cellules des prisons et les types qu'on en extirpait, deux ans ou dix ans plus tard, étaient deux fois ou dix fois plus féroces et désespérés qu'au moment de leur condamnation. Comme si la punition et l'isolement accéléraient le phénomène de pourrissement. Il était à deux doigts de s'en tirer par la pirouette habituelle, une phrase moralisatrice passe-partout : « Ce n'est pas une solution... Vous le regretteriez toute votre vie... », mais heureusement l'arrivée des deux inspecteurs de la brigade des mineurs lui évita de s'enfoncer un peu plus. Cadin les avait aperçus lors d'une réception en préfecture, pour le premier de l'an, et ils se saluèrent comme s'ils se connaissaient depuis toujours. L'inspecteur Zarka, un de ces rares pieds-noirs qui avaient choisi de s'installer en Alsace au moment de l'indépendance algérienne, quitta son manteau et prit la direction des opérations.

— On n'est que deux aujourd'hui, à cause des élections... On n'arrête pas de courir d'un bout du département à l'autre... En plus on vient tout juste de se payer un suicide consécutif à une histoire d'inceste entre frère et sœur à Schiltigheim...

Il ouvrit sa serviette et jeta un regard circulaire dans la salle.

— C'est la petite, là-bas avec sa mère ?

Cadin hocha la tête. Zarka prit une liasse de formulaires et quelques feuilles de carbone. Il fronça les sourcils en découvrant le colosse entouré des trois agents. Il baissa la voix.

— C'est lui qui a essayé de...

Il laissa la phrase en suspens.

— Non, lui c'est le père de la gamine... L'autre est en bas, dans la cellule.

— On peut se mettre dans un endroit tranquille ?

Cadin lui montra la salle des inspecteurs et Zarka, suivi de son collègue, s'installa sur la table centrale après y avoir posé une machine à écrire prélevée sur un bureau. Il testa les touches, le mouvement du chariot, avant de glisser sa préparation de papier et de carbone entre les cylindres. Il inscrivit la date du jour sur l'en-tête du procès-verbal et se tourna vers son adjoint.

— Schoepflin, tu peux faire entrer la môme et ses parents... Elle, tu la fais asseoir juste devant moi, sur la chaise, et eux deux de l'autre côté de la table...

Cadin emboîta le pas de Schoepflin et s'apprêtait à sortir quand la voix de Zarka s'éleva dans son dos.

— Je préférerais que vous restiez avec nous, inspecteur... Les parents ont l'air complètement excités et nous ne serons pas trop de trois pour les retenir au moment où je ferai monter le pointeur... Ça ne vous embête pas ?

Cadin traîna sa chaise à roulettes jusqu'au milieu de la pièce et s'installa confortablement, les jambes dépliées. Zarka tordit le pied de lampe pour amener la lumière sur ses formulaires, les doigts en embuscade au-dessus des touches de la Japy.

— Tu t'appelles comment ?

La gamine avait quitté son blouson et elle semblait avoir repris de l'assurance depuis l'arrivée de ses parents. Elle regarda l'inspecteur de la brigade des mineurs, droit dans les yeux, avec un air de défi, faisant claquer les voyelles de son nom.

— Michèle Schneebele.

Elle répondit avec assurance à tout le questionnaire d'état civil. Elle avait quatorze ans depuis le mois de février, habitait rue du Bain-aux-Plantes, au-dessus de la brasserie que tenaient ses parents, et n'avait jamais été embêtée par personne avant aujourd'hui. A un moment, Zarka rejeta le poids de son corps sur le dossier de son fauteuil en l'observant, un sourire paternel aux lèvres. Elle comprit que la phase administrative du travail touchait à sa fin, et son visage s'inclina vers le sol.

— Ecoute, Michèle... Je vois que tu es une grande fille et que tu as la tête sur les épaules... Il va falloir maintenant que tu me racontes exactement ce qu'il s'est passé tout à l'heure dans le square du palais du Rhin... Je sais que je te demande beaucoup et que s'il y a une chose que tu as envie d'oublier, c'est bien celle-là... Mais il faut que tu le fasses, tu comprends, pour ne plus que cela se reproduise... Tu préfères raconter toute seule, ou tu veux que je te pose des questions ?

Le père de la jeune fille ne cessait de remuer sur son siège, brûlant du désir d'intervenir. Il alluma une cigarette qu'il se mit à fumer de manière démonstrative, comme s'il mettait sa nervosité en scène. Il regardait sa fille, les yeux écarquillés, au bord des larmes, comprenant, d'un coup, qu'elle était définitivement sortie de l'enfance.

— Je peux essayer de raconter, monsieur... Et vous me poserez des questions si je ne me rappelle plus, si je ne sais plus...

Zarka approuva d'un signe de tête ponctué d'un nouveau sourire d'encouragement.

— Vas-y, Michèle, je t'écoute.

— Il m'a donné... Non, il a essayé de me donner de l'argent pour que j'aille avec lui... C'est comme ça que ça s'est passé...

L'inspecteur Zarka se leva et s'accroupit devant Michèle. Il lui prit les mains.

— Commence depuis le début... Tu es venue toute seule dans le square ?

— Non, on était toute une bande... On écoutait de la musique et Frédérique nous prêtait sa mobylette à tour de rôle, pour faire un tour dans les allées... A un moment, j'ai eu envie de... faire pipi, et je suis allée me cacher dans les fourrés, du côté de la rue Foch. J'avais bien regardé s'il n'y avait personne mais quand je me rhabillais, il s'est approché de moi avec un billet de cinquante francs à la main... Il me disait des trucs que je ne comprenais pas... Il parlait tout bas... Je suis allée vers lui et il a essayé de me mettre le billet de force dans la main...

Le père de Michèle se leva brusquement, contourna la table avant que Cadin pense à réagir, et se planta devant sa fille.

— Je t'ai toujours interdit de traîner avec cette bande... Il faut toujours que tu n'en fasses qu'à ta tête... Pourquoi tu n'es pas partie en courant au lieu de discuter !

Zarka s'interposa alors que la gamine levait les yeux au ciel.

— Monsieur Schneebele, s'il vous plaît... C'est déjà assez compliqué pour votre fille, n'en rajoutez pas... Si vous avez des réflexions à lui adresser, vous verrez ça entre vous, à la maison... Pour l'instant j'ai besoin d'entendre son histoire. Vous n'avez pas à intervenir, sinon je me verrais dans l'obligation de vous demander de sortir dans le couloir... Continue, Michèle... Dis-moi exactement comment tu as réagi quand il t'a tendu le billet.

— Je n'ai pas voulu le prendre, je me suis reculée...

Alors il m'a prise par les bras et il a essayé de me mettre contre lui... Il sentait l'alcool... Il voulait m'embrasser... Il me disait des trucs...

Le policier cessa de taper sur la machine et se pencha vers la jeune fille.

— Qu'est-ce que ça veut dire, « des trucs » ? Tu comprenais ?

— Oui, là, je comprenais... Des trucs sales... Que je lui plaisais et qu'il voulait savoir si j'avais déjà fait l'amour... Des trucs de ce genre-là...

— Tu te souviens exactement de ses paroles ? C'est très important.

— C'est dur parce qu'il parle mal : il a un accent... Je crois qu'il disait : « Tu as déjà fait l'amour avec un homme ? » Il me tenait toujours et je l'ai menacé de me mettre à crier s'il ne me lâchait pas. Il m'a collée contre lui et m'a dit : « Viens dans les fourrés, je vais te montrer comment on fait... »

Les doigts de Zarka couraient à toute vitesse au-dessus des touches et il ferma les guillemets une poignée de secondes après que la voix de Michèle se fut éteinte. Il souffla bruyamment et se tourna vers Cadin.

— Inspecteur, ça vous gênerait de demander à l'un de vos hommes d'aller le chercher ? Je crois qu'on va faire ça dans la foulée...

Cadin tira le téléphone vers lui et transmit la consigne à Haueser, par la ligne intérieure. Cinq minutes plus tard le policier ouvrait la porte et s'effaçait devant un homme d'une soixantaine d'années au regard noyé, aux joues mangées par une épaisse barbe de trois jours. Il s'avança dans la pièce en traînant ses souliers dont on avait enlevé les lacets et en tenant, de ses mains menottées derrière le dos, son pantalon délesté de la ceinture ou des bretelles qui devaient le retenir. Cadin se leva et le guida jusqu'à la chaise que Zarka avait disposée le plus loin possible du cafetier. L'homme s'assit lourdement et souleva la tête pour voir ceux qui s'étaient réunis pour l'accuser. Zarka désigna Michèle Schneebele.

— Tu la reconnais ?

Il détourna le regard sans répondre. L'inspecteur de la brigade des mineurs sourit d'un air entendu et se tourna vers la jeune fille qui s'était mise à pleurer.

— C'est bien lui ?

— Oui, c'est lui...

Il lui fit répéter mot à mot ce qu'elle avait déclaré lors de la première partie de l'interrogatoire, ordonnant à plusieurs reprises au suspect d'avoir à se taire, puis, quand tout fut dit, il vint se planter devant lui et déplia les papiers d'identité graisseux à force d'avoir été sortis, rangés, manipulés, vérifiés, tamponnés, tandis que son adjoint Schoepflin était passé derrière la machine à écrire sur laquelle il pianotait avec infiniment moins de dextérité que son chef.

— Tu t'appelles bien Joaquim Dias et tu es né le 28 février 1923 à Setúbal, au Portugal... Tu travailles toujours aux charbonnages Starlette, route du Petit-Rhin ?

L'homme se contentait de hocher la tête pour confirmer la dizaine de renseignements qui résumaient sa vie. Zarka vint se placer devant Michèle.

— Alors, Dias, tu es d'accord avec la manière dont la petite raconte ce que tu as fait tout à l'heure derrière le palais du Rhin ? Tu as bien essayé de l'entraîner dans les taillis, c'est ça ?

Il se dressa d'un coup, bousculant la chaise qui rebondit sur le parquet avec un bruit sec. Les postillons jaillirent de sa bouche édentée, accompagnant une bouillie de mots, jetée dans le silence, dans laquelle on parvenait difficilement à distinguer les syllabes de « menteuse », de « pas vrai », de « jamais ». L'inspecteur Zarka débrouilla patiemment les fils emmêlés du discours de Joaquim Dias duquel il ressortait qu'il avait effectivement abordé Michèle mais dans le seul but de parler à quelqu'un. Il vivait seul, dans un baraquement du Petit-Heyritz, une sorte de bidonville situé au bord du canal, face aux jardins de l'hôpital civil. Il niait lui avoir proposé de l'argent ainsi que d'avoir tenté de la traîner vers les taillis du square. Il ne comprenait pas pourquoi elle s'était mise à crier et pourquoi ses copains avaient fondu sur lui comme des bêtes enragées. Au bout d'une heure de recoupements, de précisions, de reconstitutions de gestes, il finit par s'avouer vaincu.

— Je ne sais plus... Tout se mélange dans ma tête... Je ne me rappelle plus ce que j'ai dit à la petite... J'avais beaucoup bu avant de sortir. Beaucoup... Je ne me souviens plus de rien.

Schoepflin écrasa victorieusement les touches matérialisant l'aveu et éjecta le procès-verbal d'un coup sec. Michèle Schneebele et Joaquim Dias le signèrent l'un après l'autre. Zarka fit reconduire le suspect en cellule et se dirigea vers les parents de la gamine.

— Vous pouvez être fiers de votre fille... Elle a eu énormément de courage et de sang-froid. Je vois pas mal de choses dans mon métier et c'est rare de rencontrer des enfants qui font preuve d'autant de présence d'esprit...

Il baissa la voix et s'adressa plus particulièrement au père.

— J'ai pu vous paraître un peu brutal, au début de l'interrogatoire, mais je ne pouvais pas faire autrement. Nous ne pouvons accepter qu'aucune pression, d'où qu'elle vienne, s'exerce sur les témoins même mineurs... Ne soyez pas trop sévère avec elle en rentrant... Elle vient de subir une épreuve douloureuse. Normalement tout devrait s'effacer assez rapidement si vous n'y faites pas trop allusion. Surveillez-la au cours des prochains mois sans qu'elle le remarque... Si vous avez quelque problème que ce soit, n'hésitez pas à faire appel à moi : ça fait partie de notre travail.

Cadin les observait depuis l'autre bout de la pièce. La confrontation de cette gamine trop sûre d'elle-même et de ce type harassé par la vie l'avait mis mal à l'aise. Il avait été à deux doigts de demander à Zarka la justification de ce tutoiement d'office quand le Portugais s'étais assis sur la chaise, les poignets pris par l'acier. Un tutoiement différent de celui qui s'adressait à son accusatrice et qui, lui, le ravalait au rang d'immature.

Il refusa le verre que les deux inspecteurs de la brigade des mineurs se proposaient de lui offrir, à *La Comète*, derrière le Vox, un troquet qui semblait s'accommoder d'une peu flatteuse réputation de principal repaire strasbourgeois des activistes d'extrême droite. Il ressentait le besoin de prendre l'air, de marcher à travers la ville pour se débarrasser de ce malaise et de réfléchir à l'affaire qu'on lui avait confiée. Il coupa directement par la rue des Grandes-Arcades, envahie de touristes allemands, et traversa l'Ill pour rejoindre le canal de dérivation, à hauteur du bassin d'Austerlitz. A la surface de l'eau grise et froide, les façades austères des entrepôts mêlaient leur reflet ondulant à celui des grues. Il était toujours resté extérieur à la ville, ou plus exactement aux gens... Il se sentait comme dans un sas : son existence entre deux portes, la première qui s'ouvre sur la rue, la deuxième qui donne sur les secrets... Au chaud, mais à côté. Quelques mois avant qu'il soit nommé au commissariat de Strasbourg, une fille avec laquelle il essayait de vivre l'avait invité à un mariage, dans la banlieue de Mulhouse, en plein cœur du pays minier. Ils avaient traversé les carreaux de mines désertés, levé la tête vers les chevalements inutiles, senti sur leurs lèvres le goût du sel arraché à la terre en même temps que la potasse. Tout se passait bien : il avait bu une gorgée de tous les vins, pour faire connaissance, riesling, gewürtz, pinot, goûté à tous les plats, pour ne vexer personne, saümawe, fleischnecke, salade de choucroute au cervelas, truite fumée, bäckoffe. Il avait posé ses bras sur les épaules de ses voisins et s'était mis à tanguer avec eux au rythme du *Hans im Schnokeloch*... renforçant les chœurs alsaciens de ses modestes « la la la ». Jusqu'au moment où l'homme qui lui faisait face avait fait taire l'assistance et s'était levé en prenant une gamine de dix ans dans ses bras. Il avait d'abord parlé en patois puis s'était tourné vers Cadin, en essayant de contenir son accent.

— En votre honneur ma fille veut chanter quelque chose pour vous, en s'accompagnant au piano...

Elle avait approché sa bouche de l'oreille de son père qui avait précisé, sous les applaudissements :

— Une chanson française... Vas-y, Christa...

La petite s'était installée devant l'instrument, dans un silence que ne troublait pas le moindre bruit de fourchettes et ses doigts s'étaient écrasés sur les touches blanches tandis que sa voix perchée dans les aigus emplissait la salle à manger.

— *Go want the Saints, go marching in, go want the Saints, go marching in*...

Tout le monde avait tenu à s'excuser, jusqu'à la mariée... Cadin leur avait opposé un sourire sans oser leur dire qu'il avait tout simplement eu tort de franchir la deuxième porte, que sa place était dans le sas... Puis il s'était éclipsé, seul, à la première danse, pour ne pas ternir l'ensemble de la fête par le rappel de sa présence. Il n'avait jamais revu la fille avec laquelle il était venu.

Il marcha jusqu'au pont d'Anvers et se promena dans le port au bois. Les montagnes d'écorce fermentée ruisselaient sur les pavés. Au bout de la rue d'Alger des ouvriers habillés de plastique orange, les jambes prises dans des cuissardes boueuses, jouaient à la pétanque devant des péniches vides. Il se demanda ce que ses parents avaient dit à la petite Schneebele en sortant du commissariat, mais ses pensées se mirent à flotter et il ne parvint pas à trouver de réponse.

Joaquim Dias fut libéré le soir même. Sa fille, une femme d'une quarantaine d'années, vint le chercher et promit à Cadin qu'une telle chose ne se reproduirait plus : la famille s'était réunie, sitôt connu le déshonneur qui la frappait, et chacun avait promis de surveiller le parent fautif, à tour de rôle. L'homme s'était couvert la tête du foulard de sa fille pour franchir les quelques mètres qui séparaient les marches du commissariat de la voiture qui l'emmenait vers une autre épreuve. La plainte des époux Schneebele suivit son cours et la date de l'audience n'était pas encore fixée quand, deux mois plus tard, l'inspecteur Cadin reçut le formulaire officiel qui l'avertissait de sa mutation à Hazebrouck, en récompense du travail exceptionnel qu'il avait fourni dans l'affaire Alain Dienta.

Il ne remit les pieds à Strasbourg que cinq ans plus tard, en 1982, pour obtenir copie d'un dossier traitant de la présence d'enfants juifs au Struthof, le seul camp d'extermination implanté en territoire français, près de la frontière. Il profita de quelques heures libres et d'un soleil inhabituel pour refaire l'une de ses promenades préférées qui le menait du passage de l'écluse Vauban à la place Kléber, par la Petite-France. Il se perdit, tournant trop tôt à gauche, et se retrouva dans la rue du Bain-aux-Plantes. Son regard accrocha une enseigne en fer forgé qui se balançait en grinçant : *Winstube Schneebele*. L'image de la gamine au teddy vert reléguée sur le banc des divorcés lui revint en mémoire et ses doigts cherchèrent, dans ses doublures intactes, le souvenir des fruits cueillis près de la centrale de Marcheim. Il entra dans la salle, vide, à l'exception d'une vieille femme qui buvait une bière, le nez collé à la vitre gravée. Le patron faisait reluire sans conviction le cuivre du bar. Ses cheveux avaient blanchi et ses épaules s'étaient affaissées. Son bras cessa son mouvement de va et vient et il leva un regard éteint sur Cadin.

— Ce sera quoi pour monsieur ?

— Une Schutz... Si ça se fait toujours...

L'inspecteur attendit d'être servi pour engager la conversation. Il essuya le fond de son bock sur le carton de bière et but une gorgée de liquide et de mousse.

— Vous ne vous souvenez pas de moi ?

Le patron le dévisagea et haussa les épaules en faisant une grimace d'ignorance.

— Non... Vous savez, on voit défiler tellement de monde qu'on finit par oublier... Même des gens de la famille... On se connaît ?

— C'est beaucoup dire : nous ne nous sommes vus qu'une fois, il y a cinq ans... Je suis l'inspecteur Cadin. Je travaillais à l'époque au commissariat central, rue de la Nuée-Bleue... Votre fille avait eu des ennuis... Michèle, je crois qu'elle s'appelait comme ça, non ?

L'homme approuva d'un mouvement de tête et recommença à astiquer son comptoir. Cadin vida son verre de bière et posa une pièce de dix francs sur le métal brillant.

— Elle va bien? Ça doit être une femme maintenant...

Le patron approcha son visage du sien.

— Qu'est-ce que vous venez chercher ici, inspecteur ? Ces malades-là, il faudrait les piquer tout de suite, sans discuter, pour les empêcher de nuire ! Il a tout cassé dans notre vie... Tout ! On avait à peine le dos tourné qu'il sortait par une autre porte, sous la protection de la police...

Il saisit la pièce et la tendit à l'inspecteur.

— Reprenez votre argent, je n'en veux pas. Partez. Ne

remettez plus jamais les pieds ici. Vous nous avez fait trop de mal, vous et vos collègues...

Cadin se dirigea vers la porte. La vieille femme décolla ses lèvres de son verre quand il tira la porte à lui, et ce n'est qu'à cet instant qu'il reconnut la mère de Michèle Schneebele.

Il rejoignit la place Kléber par la rue du Fossé-des-Tanneurs. La Maison Rouge avait laissé la place à une Fnac clinquante. En revanche le commissariat était resté exactement le même, jusqu'aux traces d'éponge, sur la peinture des murs, à hauteur de femme de ménage. Haueser était assis à la place qu'il occupait déjà, cinq ans plus tôt, et frappait sur les touches meurtries d'une Japy d'un modèle oublié. Il sauta de joie en voyant Cadin, laissa son travail en plan et entraîna l'inspecteur dans une brasserie, près du tribunal. Quand ils passèrent devant la pharmacie Müllener, il vit le vieux qui trônait toujours devant ses rangées de suppositoires. Ils s'installèrent dans un recoin. Près d'eux un avocat, le bras serré sur un porte-documents d'où s'échappait le pan d'une robe noire, dispensait ses derniers conseils à un prévenu libre et le retenait de commander une seconde bière. Cadin répondit évasivement à la curiosité d'Haueser qui se lassa et plongea le nez dans son demi. L'inspecteur relança la conversation, d'un ton anodin.

— Tout à l'heure je suis passé devant la *Winstube Schneebele*, rue du Bain-aux-Plantes... J'ai pas osé entrer... Tu te souviens de la petite qui s'était fait agresser par un satyre dans les jardins du palais du Rhin ? Tu sais ce qu'elle est devenue ?

Il se tourna vers Haueser qui refusa de soutenir son regard.

— Pourquoi tu parles de ça, justement... C'est une sale histoire... La môme est dans un établissement spécialisé... Un hôpital pour les cinglés... Elle n'a pas tenu le choc... Les parents ne sont pas plus brillants d'ailleurs, mais ils avaient le cuir plus résistant...

Cadin se pencha vers son ancien collègue.

— Ça s'est passé quand ? Avant le procès ?

— Non, il n'y a jamais eu de procès... Le Portugais s'est pendu chez lui, deux jours avant de passer au tribunal. On a classé l'affaire et prévenu les parents que d'une certaine manière justice était faite... Quand la gamine a appris la nouvelle, elle s'est mise à tout casser chez elle, à hurler... C'est ce jour-là qu'ils l'ont emmenée, et depuis elle n'a pas remis les pieds chez elle... D'une certaine manière, ça vaut mieux pour elle... Pour tout le monde...

Cadin mit plusieurs secondes à comprendre ce qu'Haueser venait de dire. Il posa sa main sur l'épaule du policier.

— Tu as bien dit qu'il valait mieux pour tout le monde que Michèle Schneebele reste chez les dingues... C'est bien ça ?

Haueser vida sa bière d'un trait.

— Oui, c'est ce que je pense.

— Pourquoi ? Je ne comprends pas...

— Tout simplement parce qu'il ne s'était jamais rien passé avec le Portugais... Deux des jeunes qui étaient dans les jardins avec la gamine sont venus nous le dire, spontanément... Ils avaient monté l'histoire, ensemble, pour s'amuser et tout le monde est tombé dans le panneau.

Cadin prit le ticket glissé sous le carton de bière et aligna ses pièces. Il se leva, laissant Haueser à ses remords, et partit droit sur la gare. Il prit place dans le wagon de tête face à deux jeunes préretraités, comme il l'apprit plus tard, qui évitèrent consciencieusement de le saluer. L'homme remonta dans son estime quand il extirpa de son sac de voyage *Londres Express* de Peter Loughran, en édition de poche. Le train traversait Sarrebourg quand il acheva la lecture du premier chapitre. Il pinça la dizaine de feuilles entre ses doigts et l'arracha à la reliure. Il tendit le fascicule à sa femme qui se plongea dans ce cauchemar ferroviaire tandis que son mari attaquait le chapitre suivant. Cadin changea de compartiment pour ne pas subir jusqu'à son terme ce dépeçage littéraire et trouva une place dans un compartiment occupé par des appelés en route pour leur première perm. Avant de descendre, gare de l'Est, il ne put s'empêcher de jeter un regard à la place qu'il avait quittée. Le sol plastique disparaissait sous les chapitres éparpillés. Il se consola en pensant qu'il était rare qu'un auteur soit lu simultanément par deux personnes, releva son col de veste et descendit sur le quai.

Hazebrouck
1980

Le facteur fatal

Le pilote plaça le nez de l'appareil dans l'axe central de la piste, là-bas à un kilomètre, et amorça la descente. Les deux passagers, un couple de touristes allemands, avaient sorti une demi-bouteille de champagne et ils buvaient au goulot pour fêter leur baptême de l'air. Ils riaient en effaçant la mousse qui leur éclaboussait le visage. La balade durait depuis une heure, au-dessus de la côte, de Malo à Wissant. Ils avaient survolé les plages de Dunkerque, le cap Gris-Nez, et avancé sur le détroit jusqu'à apercevoir l'Angleterre. L'aiguille de l'altimètre filait régulièrement vers la gauche et le Cesna dépassa la ferme d'Elincourt. Son ombre joua à saute-moutons au-dessus des clôtures et vint mordre sur la haie qui annonçait le début de la piste. Il les vit au dernier moment quand ils s'égaillèrent dans le ciel, effrayés par le bruit du moteur. Un corbeau fut happé par l'hélice. La vibration produite par le choc se répercuta dans la carlingue et une boue informe vint s'écraser sur le pare-brise, un mélange de chair, de plumes et de sang. Les touristes se cramponnèrent à leur siège tandis qu'il reprenait de la hauteur en relançant les gaz. L'essuie-glace pataugea quelques instants dans la pâte rougeâtre avant d'en venir à bout. La voix du type de la tour de contrôle saturait l'émetteur.

— Donovan II, que se passe-t-il, bon Dieu ! Donovan II, si vous me recevez, répondez.

Le pilote prit le temps de replacer l'avion en ligne puis il décrocha son micro.

— Ici Donovan II... Bien reçu... Ne vous en faites pas... Tout va bien et mes clients reprennent des couleurs. Je suis tombé sur une embuscade tendue par une bonne dizaine de corneilles, en bout de piste, près de la haie... J'ai dû en tuer deux ou trois et la bouillie s'est collée au pare-brise... Apparemment je n'ai subi aucun dégât. Je n'y comprends rien, c'est la première fois que ça leur arrive : d'habitude ils s'éjectent dès qu'ils entendent le moulin... Je n'ai pas envie que ça recommence : est-ce que vous m'autorisez à me poser à contresens ?

Un quart d'heure plus tard les deux Allemands se remettaient de leurs émotions à la buvette des Ailes hazebrouckoises tandis que le pilote accompagné du responsable à la sécurité de l'aéroclub fonçaient en jeep sur la piste, en direction de la ferme d'Elincourt. Ils s'arrêtèrent près de la haie de noisetiers. De l'autre côté du grillage, une dizaine de corbeaux montaient la garde à proximité du fossé. D'autres attendaient, perchés sur les branches basses. Ils ne bougèrent pas à l'approche des deux hommes, certains donnèrent même des signes de nervosité. Le pilote ramassa une branche tombée à terre et tenta de les faire fuir en l'agitant en tous sens. Il réussit ainsi à s'approcher d'un piquet et à enjamber les barbelés. Des dizaines d'autres bestioles s'étaient regroupées au creux du fossé, une masse gris-bleu, mouvante, dont la seule vue lui fit passer un frisson le long du dos. Le responsable de la sécurité s'était porté à sa hauteur. Il posa la main sur l'épaule du pilote et détourna les yeux.

— Oh ! quelle saloperie... Qu'est-ce qu'ils foutent ?

Le pilote haussa les épaules. Il tendit son bâton et faucha quatre ou cinq oiseaux qui se mirent à battre des ailes. Ils restèrent quelques secondes en suspension et retombèrent lourdement sur leurs congénères pour leur disputer la place. Le type de la sécurité retourna à la jeep et revint avec des sacs plastique et un jerrican d'essence. Ils en versèrent environ cinq litres dans un pochon et le balancèrent au milieu des corbeaux. Quelques-uns s'éloignèrent, écœurés par l'odeur mais le gros de la troupe demeura en place. Ils jetèrent trois autres sacs remplis d'essence puis ils imbibèrent un torchon avant d'y mettre le feu. Le chiffon suivit le même chemin que les poches et tomba sur le dos d'un corbeau qui s'enflamma instantanément. Il s'agita dans tous les sens en poussant des cris déchirants et propagea le feu à la moitié de la colonie. Quinze corbeaux s'élancèrent dans les airs, les plumes embrasées, en battant furieusement des ailes. Les autres se roulaient par terre, rampaient pour échapper à cette attaque qu'ils ne comprenaient pas, beaucoup agonisaient sur l'herbe, couchés sur le côté. Les deux hommes ne bougeaient pas, fascinés en même temps que révulsés par le spectacle. Ils ne virent pas tout de suite ce que la fuite éperdue des corneilles venait de révéler. Ce fut le pilote qui réalisa le premier. Ses doigts s'agrippèrent au piquet et il poussa un hurlement.

— Là.. là... regarde...

Le gars de la sécurité se baissa et faillit s'évanouir. A trois mètres d'eux, entourée de corbeaux morts, une femme brûlait. Tout le bas du corps, jusqu'aux hanches, imbibé d'essence, était entouré de flammes bleues.

L'inspecteur Cadin gara sa 4L devant la tour de contrôle dont le premier étage abritait le bar et le bureau de l'association des Ailes hazebrouckoises. Le J7 du commissariat fit demi-tour sur le parking et s'immobilisa. Cadin fit signe au conducteur d'attentre. Il gravit les cinq marches, se retourna pour regarder le champ balisé qui servait de piste à l'aéroclub et entra dans la petite salle. Des photos d'avions, les portraits de précurseurs et de héros de l'aviation décoraient les murs en lambris et les étagères vernies se creusaient sous le poids des coupes poussiéreuses qu'elles supportaient. Le pilote se détacha du bar et vint à sa rencontre. Cadin lui tendit la main, ce qui le décontenança.

— Inspecteur Cadin, du commissariat d'Hazebrouck... C'est vous que j'ai eu au bout du fil ?

Il serra la main qui s'offrait.

— Oui. Je m'appelle Eric Fardie. Je travaille ici, le week-end, pour les baptêmes de l'air.

Il pointa le nez vers le type de la sécurité qui était passé de l'autre côté du bar.

— On l'a découvert ensemble, avec Patrick... A cause des corneilles...

Cadin fronça les sourcils.

— Des corneilles ? Il y a des corneilles dans le coin ?

— Enfin les corbeaux si vous préférez... C'est des corneilles mais tout le monde dit des corbeaux même si c'en est pas...

— Corbeaux ou corneilles, n'importe comment le problème n'est pas là.

L'inspecteur salua les deux Allemands qui se languissaient sur leur banquette et consulta les notes griffonnées sur son calepin.

— Monsieur et madame Breinerburger ? L'un de mes hommes va venir relever votre témoignage et vous pourrez partir. Je risque de vous convoquer d'ici deux ou trois jours. Vous ne quittez pas la France ?

Ils l'assurèrent que non. Cadin sortit suivi de Patrick et

d'Eric, le pilote. Ils montèrent dans la 4L et traversèrent le terrain. Le cadavre fumait encore légèrement en répandant une affreuse odeur de viande cuite. Cadin releva le col de sa veste, pinça les deux pointes sur son nez et respira au travers de l'épaisseur du tissu. Il écarta du bout du pied les carcasses d'oiseaux noircies. Des bêtes blessées criaient dans les fourrés et de temps en temps l'une d'elles démarrait lourdement, tanguait et allait s'écraser quelques mètres plus loin. Il fut tout de suite frappé par la taille de la femme. Une géante. Elle devait mesurer entre un mètre quatre-vingt-cinq et un mètre quatre-vingt-dix et peser bien plus que cent kilos. Elle portait une robe d'été, un tissu à dominante bleue parsemé d'une multitude de petites fleurs multicolores. Le col de la boutonnière avait été arraché et le soutien-gorge relevé jusqu'au cou libérait deux énormes seins dont la blancheur, obscène, éclatait sur le motif coloré. Le vêtement avait vraisemblablement été retroussé sur les hanches de la victime car on ne distinguait aucune trace de tissu brûlé sur ses cuisses. Cadin se pencha au-dessus de la tête de la géante qui reposait sur le côté droit. L'œil gauche était ouvert et brillait au soleil, par intermittence. Malgré sa répulsion l'inspecteur approcha son visage de celui de la morte, et il comprit. Le verre de contact n'était plus retenu que par les cils et vibrait au gré du vent.

Eric Fardie le rejoignit.

— Vous pensez qu'elle a été assassinée ?

Cadin se releva en grimaçant. Son regard allait du cadavre au pilote.

— Je n'en sais rien encore... Ça se présente comme un viol mais quelquefois c'est seulement une mise en scène. Les oiseaux l'ont attaquée de partout, sans parler de l'essence... Il désigna l'espace ravagé par les flammes. Si c'est un meurtre et s'il y avait des indices ici, le meurtrier vous devra une fière chandelle... Mais qu'est-ce qui vous a pris de faire une chose pareille ! Chasser le corbeau, pardon, la corneille au cocktail Molotov... A part ça, vous n'avez touché à rien ?

Eric Fardie baissa la tête. Patrick fit mine de réfléchir.

— Non, on a juste jeté les sacs d'essence et puis on est partis...

Le J7 était passé par la ferme d'Elincourt, il avançait lentement le long du fossé et stationna sous de jeunes pommiers. L'inspecteur marcha à la rencontre de ses hommes, les agents Lenert et Brouakère et le brigadier Conninck.

— Le légiste se pointe dans combien de temps ?

— J'ai laissé un message à sa secrétaire, à son bureau... Il était parti sur une noyade à la piscine de Lille... Il ne devrait plus tarder...

— Bon, en l'attendant vous faites des polaroïds du cadavre et de toute la zone, sur un périmètre de dix mètres. Quant à vous deux, vous prenez les petits plastiques et vous ratissez la même surface. Vous ramassez tout ce que vous trouvez en prenant soin de noter le lieu exact sur l'étiquette autocollante. Compris ?

Cadin porta son pouce droit à sa bouche et le mordilla nerveusement. Il recracha un minuscule morceau de peau. Tout avait le goût de la mort. Il longea le fossé jusqu'à un chemin creux qui évitait la ferme et partait en direction de la nationale. La pluie de la veille et des jours précédents avait rempli les ornières. On ne distinguait que d'anciennes marques laissées par les tracteurs et celles, toutes récentes, du fourgon. De lourds nuages noirs couvrirent le soleil et un vent froid courba les rangs de peupliers. Du regard, il reconstitua l'itinéraire probable. Une voiture était arrivée, de Béthune ou de Saint-Omer, et s'était engagée sur le chemin. Elle s'était garée à l'abri des bosquets. Deux personnes en étaient descendues. La géante et un homme, probablement. Peut-être était-elle encore vivante et marchait-elle à ses côtés. Peut-être la sortait-il avec difficulté de l'habitacle et la traînait-il jusqu'à ce fossé où il la faisait glisser... Les éclairs du polaroïd le tirèrent de sa rêverie. Il traversa le champ dans toute sa longueur, à grandes enjambées, et escalada la barrière qui protégeait la cour de la ferme. Un chien retenu par une chaîne coulissante se jetait contre le grillage de son enclos et ses aboiements résonnaient contre les façades des bâtiments. Un type sans âge, habillé d'un bleu couvert de terre et de fumier, se montra à l'entrée d'une grange. Il planta sa fourche dans un tas de sable déposé contre le mur. Il examina l'inspecteur, de la tête aux pieds, puis, sans rien laisser paraître de ses conclusions, le fixa dans les yeux.

— Qu'est-ce que vous voulez ?

Quelques gouttes d'eau s'écrasèrent sur le sol. Cadin s'avança. Il pointa son pouce au-dessus de son épaule tout en marchant vers le paysan.

— Inspecteur Cadin, d'Hazebrouck... Vous n'avez pas remarqué les corbeaux là-bas, près des noisetiers ?

L'homme s'appuya des deux mains sur le manche de sa fourche et croisa les jambes. Il plissa les yeux comme s'il découvrait l'existence du bosquet.

— On n'a déjà pas assez de temps pour nous occuper des bêtes qui rapportent, alors, les corbeaux... Qu'est-ce qu'ils vous ont fait ces corbeaux ? Ils empêchent les avions d'atterrir ? Moi, les moteurs, ça m'empêche de dormir et ce n'est pas pour ça que je vais aller me plaindre...

Le nuage creva d'un coup et l'eau grisa la terre, l'air, le crépi. Cadin rentra la tête dans son cou et vint se mettre à l'abri. Les vapeurs du fumier l'enveloppèrent.

— Ce que je veux dire, c'est qu'il y en avait des dizaines aux abords du fossé... Et en dessous on vient de trouver le corps d'une femme. Vous n'auriez rien remarqué d'inhabituel au cours des derniers jours ? Des passages de voitures, sur le chemin...

Le paysan lâcha son outil et plongea les poings dans ses poches à la recherche d'une cigarette. Il l'alluma en aspirant lentement pour se donner le temps de la réflexion.

— Depuis une semaine on vide les fosses à purin et on charrie le fumier... On a rien le temps de voir, même pas la télé... Ça se serait passé quand votre histoire ? Hier, aujourd'hui ?

— Ni hier ni aujourd'hui. Nous le saurons avec exactitude quand le médecin arrivera... Je pense qu'elle est là depuis trois ou quatre jours.

Cadin observa le ciel.

— Nous sommes mercredi... Je dirais samedi ou dimanche. En plus, il faisait beau ce week-end...

L'homme approuva l'inspecteur.

— Oui, on avait pas eu d'aussi belles journées depuis longtemps ! On en a profité pour ramasser le foin sur Audenard, de l'autre bord... Mais même si on avait été là, ça n'aurait rien changé : les voitures, on ne les voit pour ainsi dire pas... A peine le toit, le chemin est trop profond et aussi à cause des haies... On les entend, c'est tout et on n'y fait pas attention. Quand vous remontez plus loin, à un kilomètre, à l'autre bout du terrain d'aviation, il y a une décharge sauvage et pas mal de gens connaissent le coin. Des fois, c'est le défilé... C'est pas à nous de contrôler...

Le nuage dérivait en direction de la mer et l'averse se calma. Il pleuvait encore un peu mais le soleil brillait déjà. Cadin revint par le chemin, en passant devant le chien qui n'avait cessé de hurler pendant toute la durée de la conversation. Le légiste était accroupi près du corps et le bas de son imperméable reposait sur le sol détrempé. Son assistant notait ses observations sur un cahier en se protégeant des dernières gouttes, comme il pouvait. Cadin rejoignit le toubib de Lille qu'il avait connu quelques mois plus tôt lors de l'affaire Laurence Cappel, l'assassinat d'une jeune infirmière d'Hazebrouck, au moment du carnaval.

— Salut. Je t'ai fait courir...

Le médecin releva la tête et sourit.

— Non, je ne cours plus : il y a longtemps que j'ai compris que quand on faisait appel à moi, il était toujours trop tard. Quand on part, ils sont déjà à point...

Il désigna les dépouilles des corbeaux.

— C'est quoi ce carnage, un accident de chasse ? Une bombe au napalm ?

— Je t'expliquerai... Et elle, tu peux me dire comment elle est morte ?

Le légiste pinça le menton de la morte entre son pouce et son index et le souleva en le faisant pivoter sur le côté.

— On l'a étranglée avec une écharpe, une ceinture ou une cravate. Les marques de strangulation sont assez épaisses... Je pourrai être plus précis demain matin, en l'examinant tranquillement dans mon labo, mais comme ça, à première vue, je suis à peu près certain que c'est la cause de la mort : le larynx est complètement écrabouillé et on repère tous les signes habituels...

Il prit l'une des mains de la géante et montra le bout des doigts à Cadin.

— ... Tu vois, elle a essayé de desserrer l'étreinte en s'agrippant à l'étoffe... Regarde les marques... Le type qui a fait ça devait être sacrément costaud... A moins qu'il ne l'ait assommée juste avant...

Cadin avait la bouche emplie de salive et ne parvenait pas à déglutir. Il se tourna et cracha en bavant à moitié sur sa veste.

— La mort remonte à quand ?

— Difficile à évaluer : les oiseaux ont fait de gros dégâts... Trois, quatre jours, peut-être cinq... Désolé, mais je ne peux pas être plus précis, il faut que j'ouvre pour resserrer la fourchette...

L'inspecteur contourna le périmètre que continuaient de ratisser le brigadier et les deux agents. Un corbeau blessé se mit à courir en claudiquant, à la manière d'un Charlot immonde, et vint buter contre sa jambe. Il le repoussa d'un coup de pied. L'oiseau atterrit sur le dos, agité de tremblements, ouvrant et fermant le bec à la recherche d'un peu d'air. Cadin grimpa dans le fourgon. Les policiers avaient aligné une quinzaine de petits sacs plastiques sur la banquette centrale, une étiquette autocollante en guise de fermeture. Son regard fut attiré par une poivrière en verre, avec un P majuscule gravé sur le bouchon, identique à celles que l'on trouve sur les tables des restaurants bon marché. Il remua le sac devant ses yeux et lut l'indication portée sous la date et le lieu : « Un mètre à droite, au-dessus du corps. En surface... » Il le reposa. L'analyse dirait si cela avait un quelconque rapport avec la mort de la géante. Il n'était jamais tombé sur ce genre de maniaque, mais les bouquins de criminologie qu'il potassait à Strasbourg, pendant ses études, mentionnaient plusieurs cas où les assassins salaient, poivraient leurs victimes, enduisaient les corps de moutarde, de sauce tomate ou de matières les plus diverses. Il y avait également deux paquets de cigarettes vides, un de Gitanes blanches sans filtre, l'autre de Royales ultralégères, un gros bouton de manteau, marron, percé de trois trous seulement, un préservatif usagé, un talon de chaussure d'homme, une boîte récente de cachous Lajaunie vide dont le scotch de protection, entre le couvercle et le fond, était coupé au couteau ou du bout de l'ongle, un peu moins d'un mètre de ficelle et une bouteille de bière Gold. Un petit zinc de l'aéroclub décolla en crabe, à cause du vent, et mit pas mal de temps à prendre de la hauteur. De l'intérieur du car, Cadin eut l'impression qu'il allait frotter la cime des peupliers, mais le pilote vira sur la droite et le bourdonnement régulier s'éloigna. Conninck vint déposer un sachet, une dizaine de trombones rouillés accrochés les uns aux autres en forme de collier. Cadin y jeta un vague coup d'œil.

— Vous avez pu voir si elle avait des papiers ?

— Non, rien du tout... L'assistant du toubib l'a fouillée et il n'a rien trouvé...

L'inspecteur lui donna quelques instructions et s'installa au volant de sa 4L. Il fit une halte à Ebblinghem, pour boire une bière, dans un troquet où la serveuse lui plaisait. La conversation se limitait à la prise de commande et aux problèmes posés par la monnaie, mais il se sentait bien quand il buvait sous son regard. De retour au commissariat il consulta toutes les feuilles d'avis de recherche et téléphona à la gendarmerie pour savoir s'ils n'étaient pas saisis de la disparition d'une géante d'environ cinquante-cinq ans... Puis il se mit en rapport avec le juge d'instruction. Vers dix-huit heures le légiste lui confirma que la femme avait bien été violée avant d'être étranglée. En début de soirée, le journaliste de *L'Informateur* vint relever la main courante. Il rédigeait ses brèves sur le bureau de Brouakère, recopiant les courtes relations des disputes familiales, des bagarres de fermeture, des accidents, des vols, toute cette morne agitation qui tendait à prouver qu'Hazebrouck vivait encore. Il accrocha Cadin qui sortait pour aller manger un morceau au *Gambrinus*.

— Inspecteur... D'après ce que le brigadier Conninck m'a laissé entendre, vous seriez sur une affaire d'homicide...

Ils longèrent la façade laiteuse de la mairie et les panneaux d'expression libre qui depuis des mois affichaient leur haine de l'étranger. Des gosses traversaient la place en lançant leur 49,9 à fond la caisse, pot percé, sans parvenir à troubler l'indifférence des riverains qui se contentaient de prendre leur télécommande et de hausser le volume de « La roue de la fortune ».

— Qu'est-ce qu'il vous a dit au juste ?

Le journaliste pressa le pas pour se maintenir à sa hauteur.

— Pas grand-chose... Que vous aviez trouvé le corps d'une femme et que le légiste pensait qu'elle était morte étranglée... Je peux passer l'information ?

Cadin lui résuma la majeure partie de ce qu'il savait et le lendemain, à la une de *L'Informateur*, le pavé hebdomadaire relatant l'activité du député-maire devait cohabiter avec un titre inhabituel :

LE MYSTÈRE DE L'AÉROCLUB

L'inspecteur parcourut rapidement l'article et n'en retint que la conclusion :

La police ne dispose pour le moment d'aucune piste. Etrange ironie s'agissant d'un cadavre découvert tout près de celles de l'aérodrome d'Elincourt !

Deux heures après la mise en vente du journal une partie du mystère était éclaircie. Le patron d'un hôtel de Noordpeenne téléphona au commissariat d'Hazebrouck pour dire qu'il croyait connaître l'identité de la victime. Il tombait une sorte de grésil que le vent rabattait contre les vitres. Cadin décrocha son imperméable. Les minuscules flocons glissaient sur ses vêtements sans même les mouiller. L'hôtel était planté à l'écart du village, à la limite d'une houblonnière dont les pointes des mâts obliques accrochaient les lambeaux de nuages bas. C'était vraisemblablement un ancien relais de poste qui avait dû faire le plein, pour la dernière fois, avant l'inauguration de la ligne de chemin de fer Paris-Dunkerque par Napoléon III... Une inscription rouge barrait la façade écaillée, juste sous les fenêtres du premier étage : *Hôtel des Voyageurs*. L'inspecteur poussa la porte pleine et entra dans une vieille salle d'auberge, au plafond bas, aux murs sombres. La clarté du jour s'épuisait entre les carreaux et l'épaisseur des murs. Une femme pliée en deux, les jambes droites, tisonnait les cendres de la cheminée où brûlait une bûche. Elle sentit le courant d'air sur ses mollets et tourna la tête, sans se relever. Cadin consulta son calepin, par réflexe.

— Je dois voir M. Mechelen ? Il est là ?

Elle piqua la bûche et la repoussa derrière les chenets. Sans un mot elle désigna le lourd rideau qui séparait la salle des cuisines. L'inspecteur souleva le coin de la tenture. Un grand type barbu déguisé en cuisinier de magazine, tablier, toque, agitait une casserole de cuivre au-dessus d'un feu vif.

— Inspecteur Cadin, d'Hazebrouck... C'est vous qui nous avez téléphoné, après l'article ?

Le chef versa sa préparation dans une saucière, posa la casserole dans l'évier et lui fit face.

— Oui, d'après la description qu'ils en font, je suis à peu près sûr que c'est elle...

— Qui, « elle » ?

Il desserra le lacet du tablier et s'adossa à la chambre froide.

— Oh! une cliente qui vient ici un ou deux week-ends par mois, depuis presque un an... Elle arrive seule le samedi matin, en général, un homme la rejoint dans la journée et ils restent ensemble jusqu'au lendemain soir...

— Un homme ? Quel genre d'homme ?

Le cuisinier leva les mains, les paumes vers le ciel.

— Tous les genres ! Elle en changeait à chaque fois.

Des petits, des gros, des jeunes qui auraient pu être ses fils, des vieux décatis... De tout, des Français, des Arabes, des Portugais... Elle était pas regardante... Eux non plus, si on veut voir les choses en face... Moi j'aime les vraies femmes, celles qui ont ce qu'il faut là où il faut... Mais là, bonjour le morceau ! C'était une vraie...

Cadin lui coupa la parole.

— Et elle est venue samedi dernier ?

— Oui. Elle est arrivée un peu après onze heures. J'étais en train de découper la viande... Elle prenait toujours la même chambre, la 7, au premier. C'est Jacqueline qui s'en est occupée... Elle a posé ses affaires et est repartie en voiture, sans prendre le temps de manger... On ne l'a pas revue du week-end... On ne s'est pas trop inquiétés... On s'est dit que cette fois le type l'avait emmenée chez lui ou qu'ils avaient décidé d'aller se promener sur la côte pour profiter des premiers beaux jours... Et tout à l'heure je tombe sur *L'Informateur* ... Ça m'en a fichu un sacré coup...

L'inspecteur notait quelques mots : « Un homme par W.-E. » , « Chambre 7 », « Onze heures samedi » .

— Vous m'avez dit qu'elle avait déposé des affaires samedi matin... Elles sont donc toujours là. Vous pouvez me les montrer ?

— Bien sûr... Elles sont restées dans la piaule : à cette époque de l'année ça ne se bouscule pas trop...

Il passa la tête sous le rideau en retenant sa toque.

— Jacqueline... Tu peux montrer la 7 à l'inspecteur ?

La chambre était placée au coin du bâtiment. Une fenêtre donnait sur la nationale, l'autre sur la cour et les cuves de mazout. Un lit, armature en fonte, surmonté d'un crucifix, deux tables de nuit, une armoire aveugle, une cabine de douche et le lino qui se soulevait tout autour, à cause de l'humidité. La femme se hissa maladroitement sur la pointe de ses pieds pour tirer à elle un sac plastique posé au-dessus de l'armoire.

— Voilà, c'est tout ce qu'elle avait ici...

Cadin renversa le contenu du pochon orange, bleu, blanc de chez Leclerc sur le couvre-lit. Une culotte et un soutien-gorge de taille démesurée, un gilet, quelques affaires de toilette, brosse à dents, peigne, cotons-tiges... Il plongea la main dans la poche du vêtement pour y prendre un portefeuille. La carte d'identité était perdue au milieu d'une véritable liasse de cartes de restaurants. Il la déplia. La géante fixait la machine en guettant le flash. Le photomaton s'était déclenché quelques fractions de seconde avant que le sourire s'épanouisse, ou quelques fractions de seconde après qu'il se fut éteint... Jacqueline observait la scène en silence, depuis le couloir. Cadin tendit brusquement la carte d'identité devant son visage. Elle eut un mouvement de recul.

— C'est bien elle ?

Elle examina la photo et hocha la tête en grimaçant.

— Aucun doute là-dessus... Des comme elle, il n'y en a pas deux...

Elle s'appelait Marianne Lesdin, née le 12 avril 1931 à Courtrai, en Belgique, et domiciliée au 8 de la rue Jules-Verne à Malo-les-Bains, près de Dunkerque. Cadin s'y rendit dans l'après-midi. Le vent ramenait sur la ville et la plage les nuages des aciéries et du port pétrolier. Il se gara au départ de la voie, sous la plaque de rue rouge. Le nom de la ville et celui de la rue apparaissaient en relief, jaunes, séparés par une étoile de même couleur. Une vague allure de station balnéaire chinoise... Il cogna au 8, un pavillon d'un étage, gris, coincé entre deux petites résidences d'été, sans obtenir de réponse, et s'adressa à la fleuriste qui observait le moindre de ses gestes depuis son arrivée.

— Vous ne savez pas s'il y a quelqu'un, en face ?

La femme regarda longuement le pavillon comme si elle en découvrait l'existence.

— Là, celui de Mme Lesdin ?

— Oui, il n'y en a qu'un... Celui de Mme Marianne Lesdin...

L'énoncé du prénom la mit en confiance alors qu'il figurait en minuscules sur la boîte aux lettres vissée à la porte.

— Non, elle est partie avec sa voiture, en fin de semaine dernière, et elle n'est pas revenue... Vous voulez lui laisser un message, je la vois tous les jours quand elle est là...

Cadin exhiba sa carte tricolore.

— Ça ne servirait plus à grand-chose... Il n'y a personne d'autre dans la maison ?

— Non... Elle vit seule... Pourquoi... Il est arrivé un malheur ?

Cadin ne répondit pas et décrocha le téléphone posé sur le comptoir. Le serrurier se fit attendre plus de deux heures rue Jules-Verne. Bloqué entre un bouquet de glaïeuls et dix têtes de géraniums, l'inspecteur eut droit à un digest de la vie de la géante, agrémenté d'une compilation des motifs de découragement du petit commerce.

Elle avait hérité du pavillon, huit ans plus tôt, à la mort de sa mère. Avant, on la voyait seulement aux vacances. Elle ne recevait jamais personne, ni amis ni famille, et limitait au minimum les échanges avec le voisinage. Elle faisait ses courses au Leclerc de Dunkerque, un coffre plein, une fois par semaine, et n'achetait rien aux commerçants du quartier, même pas son pain !

— Qu'est-ce qu'elle avait comme voiture ?

La fleuriste sortit sur le seuil de son magasin et lui montra une 205 garée à cheval sur le trottoir, cent mètres plus haut.

— Je n'y connais rien en marques de voitures... Elles se ressemblent toutes. C'est la même que celle-là, mais en blanc... Ils les ont eues pour ainsi dire ensemble...

Histoire de tuer le temps et d'échapper au flot d'insignifiance débité par la commerçante, il passa plusieurs coups de fil au commissariat, à la préfecture, afin que l'on se mette à la recherche de la Peugeot. Un représentant en fleurs séchées, envahissant, tout son matériel hors de prix étalé sur le carrelage, eut le malheur de le prendre à témoin. Cadin avait identifié la provenance inavouée des compositions florales dès que le V.R.P. s'était installé. Il se baissa, prit un bouquet bruissant dans sa main.

— On leur donne combien aux détenus de Loos-lès-Lille pour un travail de ce genre ? Un franc, un franc cinquante...

Le type eut un long sourire naufragé qui hésita entre la fleuriste, le bouquet et l'inspecteur. Il bafouillait sa défense quand le serrurier tira la porte vitrée. La chignole vint à bout des trois verrous en cinq minutes. Le serrurier installa un système provisoire afin que l'inspecteur puisse refermer en partant. Cadin signa l'ordre de mission et poussa la porte derrière lui. Il n'ouvrit pas les volets, préférant allumer le néon. Ça sentait le rance, les légumes abandonnés... Il prit une chaise, posa son imper sur le dossier et s'assit à califourchon, au milieu de la vaste cuisine qui occupait pratiquement tout le rez-de-chaussée, essayant d'imaginer la place que remplissait la géante dans cet espace. Tout était usé avant l'âge, rafistolé à la hâte, du sparadrap autour de la poignée du réfrigérateur, de la ficelle pour renforcer la chaîne du lustre, du scotch rouge au milieu des motifs de la toile cirée... La vaisselle s'empilait près de l'évier, sale à droite, lavée à gauche alors que les plats, les cocottes, les poêles étaient posés à même le sol, près de la poubelle. Cadin chassa une mouche qui s'agaçait autour de sa bouche et s'essuya les lèvres, légèrement dégoûté. Il se remit debout et déplaça les livres bloqués sur une étagère : *La Cuisine d'été, Cuisine minceur, Larousse gastronomique, Les Recettes de grand'maman...* Des pubs de cures d'amaigrissement découpées dans les journaux marquaient les pages. Elle avait rempli les pointillés, nom, adresse, poids qui oscillait entre 94 et 107 kilos, mais n'avait pas eu le courage de les envoyer. Au-dessus de la cheminée étaient alignés une trentaine de flacons d'épices poussiéreux dont le plus frais datait de trois ans. Il jeta un regard dans la salle de bains attenante, baignoire rose, lavabo, bidet, sous-vêtements trempant dans une bassine plastique, et grimpa au premier sans trop savoir ce qu'il venait chercher là. Le salon ne renfermait qu'une télé, une banquette et quelques étagères remplies de collections de *Télé 7-jours*, de *Télérama*. Un dossier « Mourousi » était caché sous les hebdos, tout ce qui s'était publié sur le présentateur enroué depuis une bonne dizaine d'années ! Des photos, des coupures venant de toute la presse nationale, de *Point de vue, images du monde* à *Lutte ouvrière...* Les murs de la chambre étaient décorés de portraits de famille, père, mère, oncles et tantes, et aucune surprise n'attendait Cadin, ni dans les tiroirs ni dans les armoires. C'est en redescendant qu'il remarqua la petite porte ménagée sous l'escalier. Un appentis où la géante rangeait, et oubliait, les balais, les serpillières, les produits d'entretien. Avant de s'éloigner il se baissa pour vérifier le contenu d'un carton de Javel et s'aperçut qu'une minuscule pièce prolongeait le débarras. Un bureau aux pieds raccourcis, un pouf en guise de siège. Il prit place, alluma la lampe d'architecte pincée au bord du plateau et contempla les centaines de lettres soigneusement rangées devant lui. Il en prit une sur le tas le plus fourni et observa longuement l'enveloppe sans oser l'ouvrir. Une vieille frappe machine aux caractères irréguliers, émoussés, une cédille au mot

France, un footballeur tunisien sur le timbre, illustrant le 6ᵉ championnat d'Afrique de sports collectifs, un cachet bilingue arabe-français... Il se décida.

Oued Gaba le 23 février 1983

Si chère Marianne.

Je recopie chaque lettre venant de toi et j'en parsème ma maison pour que tu sois toujours près de moi... Je ne regrette qu'une chose, c'est tout le temps perdu avant de te connaître, même si ce n'est que par l'intermédiaire de tes lettres. J'embrasse ta photo chaque jour en ouvrant les yeux. Ne te plains pas de ton corps, il est ce que Dieu a voulu, peu importe si nous lui donnons un nom différent. Tu es le trésor que recherchait en vain mon coeur. Je lis beaucoup et je n'ai jamais trouvé dans les vers des plus grands poètes ce que je ressens au fond de moi. Je crois que je serais capable d'inventer mille caresses inconnues. Ton absence me fait souffrir mais c'est une souffrance bien douce en comparaison du vide de ma vie avant toi. Parle-moi de tes rêves, de tout ce qui te passe par la tête. Je te serre très fort contre moi, par-dessus les océans.

Ahmed qui ne t'oublie pas.

Cadin reposa le feuillet dactylographié et n'osa pas immédiatement en lire un second. Il se sentait mal à l'aise et retrouvait en lui ces sentiments de culpabilité adolescents quand il fouillait les papiers de cette mère trop silencieuse. Il se calma en ralentissant sa respiration puis se mit à genoux sur le pouf. Il repéra la bonne vingtaine de lettres d'Ahmed, au tampon porté sur le timbre et plongea dans le texte d'un autre correspondant.

Bedjaïa le 8 novembre 1982

Très bonne amie,

Ta carte est vraiment très jolie, je l'ai punaisée dans la chambre des enfants, au-dessus du lit de la dernière. Ma femme a très envie de te rencontrer. Elle lit difficilement le français alors je lui fais la lecture en mettant les intonations, elle rit beaucoup d'entendre une voix d'homme dire les pensées d'une autre femme. J'espère que cela ne te fâche pas ? Je suis triste parce que tu n'as toujours pas trouvé de travail en France. Ici, c'est aussi très difficile, la crise est partout. Peut-être qu'avec ton ambassade tu pourrais avoir quelque chose en Algérie ? Ici tous les Français viennent avec du travail... Comme ça on se verrait tous. C'est déjà incroyable de s'écrire comme des gens de la famille, et tout ça à cause d'une annonce parmi des centaines d'autres dans un journal ! Il n'y a que les montagnes qui ne se rencontrent pas, Marianne. Ne me remercie pas pour le colis que je t'ai envoyé. J'ai la chance de bien gagner ma vie et d'avoir une femme et des enfants en bonne santé. Je le fais parce que tu es comme ma soeur et si un jour la roue tourne dans l'autre sens, je serai heureux de recevoir l'aide d'un proche. Notre amitié est sincère, et je crois qu'elle va durer longtemps. Je t'embrasse affectueusement.

Abdel.

Le timbre algérien oblitéré à Bedjaïa agrémentait près de trente lettres et Cadin se rendit compte que les deux piles de droite, deux cents plis pour une quinzaine de correspondants, concernaient tous les envois en provenance d'Afrique du Nord. Il feuilleta d'autres enveloppes et en ouvrit une au hasard.

Montreuil-sur-Mer le 24 janvier 1983

Bonjour Marianne,

Je vous envoie cette lettre en réponse à votre annonce parue dans Rustica *du mois de décembre. Mes passions sont le vélo et la planche à voile. J'aime beaucoup les paysages des Landes. Je joue aussi de la musique, de la guitare. Je fais partie de la direction de l'association de natation de Montreuil, comme trésorier. Peut-être que cette année je ferai un peu de judo, c'est un sport sans violence qui aide à se maintenir en forme et à ne pas avoir de complexes.*

L'inspecteur mit la lettre de côté et tira d'une pile une enveloppe plus épaisse qui contenait une cassette. Il fit le tour de l'appartement sans mettre la main sur le moindre magnétophone et glissa l'enregistrement dans sa poche de veste. Un courrier décoré de fleurs en décalcomanie attira son attention.

Mont-Saint-Martin le 17 mars 1983

Marianne adorée,

Quel bonheur. Je viens de revenir et je trouve ta lettre. Je l'ai prise entre mes doigts, en tremblant, et je l'ai ouverte, délicatement. Sens-tu mes doigts sur le bord de tes lèvres ? Je l'ai ouverte lentement et plongé mon visage pour en capter l'odeur délicate. Sens-tu mon souffle en toi ? Je suis resté là en remuant faiblement, étourdi. Veux-tu que je reste encore en toi?

Je ne me sépare jamais de tes lettres, je les glisse dans mon slip et je me promène toute la journée avec tes mots contre mon sexe. Au travail, dans les rues, chez les commerçants, à l'église, chez mes parents. C'est une perpétuelle excitation qui transforme totalement ma vie. Décris-moi encore la manière dont tu te caresses, le matin et le rituel de ta toilette. Je voudrais que tu sois là près de moi pour que nous assouvissions ensemble tous mes fantasmes et tous les tiens qui leur ressemblent beaucoup.

Je t'embrasse, tes jambes autour de mon cou.

François.

Cadin se leva et dénicha une bouteille de bière près de la cheminée, dans la cuisine. Il rinça un verre et but deux verres d'affilée. Il aurait donné cher pour avoir sous les yeux les réponses de la géante aux appels si différents lancés par tous ces hommes. Il se réinstalla dans le cagibi, étala les lettres venant de France et commença à les classer par expéditeur. Il tomba sur une feuille de papier libre, barrée d'une multitude de colonnes remplies d'une écriture nerveuse. Des titres de journaux occupaient le haut de chacune des divisions : *Le Chasseur français, Rustica, Nous-Deux, La Voix du Nord, Bonheur du couple, Solitude,* et des noms étaient disposés en dessous, suivis de dates. L'inspecteur imagina qu'il s'agissait des premières prises de contact des correspondants, après la lecture d'une annonce passée par Marianne Lesdin. Il en compta soixante-douze et parvint à relever les adresses personnelles de soixante-cinq d'entre eux. Les sept autres se faisaient écrire en poste restante. Il nota les coordonnées des bureaux distributeurs et tourna la feuille. Les noms, prénoms, âges et professions étaient répertoriés et chacun se voyait noté en fonction de l'intérêt que ces éléments et, peut-être les réponses, suscitaient chez la géante. Quatre seulement se voyaient attribuer plus que la moyenne. Cadin tria les lettres des vainqueurs de ce curieux hit-parade. Il souligna le nom de François Ternier, fonctionnaire des impôts à Mont-Saint-Martin, dont il avait encore la prose en mémoire : *Je t'embrasse, tes jambes autour de mon cou...*, celui d'Alexandre Mairot, un éducateur spécialisé de Dreux, ainsi que ceux de Robert Paturier et Pierre Bongrant. La sonnerie du téléphone le fit sursauter alors qu'il s'apprêtait à sortir. Il décrocha le combiné, sans dire un mot, et l'approcha de son oreille. Une voix d'homme, furtive, comme chuchotée.

— Allô, Marianne ? Tu es là ?

Il toussa tout doucement pour marquer une présence, mais la communication s'interrompit presque aussitôt.

L'hiver reprenait du service. Il neigeait sur Hazebrouck lorsque Cadin s'était réveillé, à six heures, pour relire les lettres et ses notes de synthèse. Il posa la main sur le radiateur tiède et enfila sa veste par-dessus son pyjama. Il n'en avait jamais porté jusque-là, mais les mesures d'économie d'énergie suivies au degré près par les gestionnaires de la cité avaient rapidement tué son plaisir de se glisser nu entre les draps. Le car des verreries s'arrêta sous ses fenêtres et un petit groupe d'hommes et de femmes se dispersa au hasard des banquettes, derrière les vitres embuées. La veille le brigadier Conninck s'était mis en contact avec les rédactions des journaux dans lesquels Marianne Lesdin avait fait passer ses annonces et qui servaient d'intermédiaires pour le transit du courrier. La moitié de sa journée y était restée mais Cadin n'en attendait rien. Il se fit un café et regarda tomber les flocons tout le temps que la cafetière éructa sa vapeur. Il enclencha la cassette prélevée dans le réduit de Malo-les-Bains et la voix d'Alexandre Mairot, l'éducateur de Dreux, s'éleva dans l'appartement silencieux.

Bonjour Marianne. Je suis très touché que tu me dises combien tu as sincèrement apprécié ma dernière cassette. Tu es la seule à écouter mes chansons et cela me fait un bien énorme de savoir que quelqu'un les aime. J'en ai écrit quatre autres à ton intention. Cette fois-ci je me suis accompagné à l'orgue électrique, c'est plus artificiel que la guitare mais il y a la boîte à rythmes qui permet de leur donner plus de profondeur. La première s'appelle Les Dessous d'Hélène *et tu comprendras vite d'où ça vient...*

Il y eut un déclic et l'orgue aligna laborieusement les notes initiales de la chanson de Brassens. Le type était aussi imprécis avec sa voix qu'avec ses doigts. Cadin baissa le son et les aigus.

> *Et j'ai vu ma pine bien récompensée,*
> *Sous le p'tit slip de la pauvre Hélène,*
> *Sous son p'tit slip troué....*

Il y avait encore *Le Partouzeur,* approximatif hommage porno à Boris Vian, *L'Effeuilleuse morte* de loin la plus drôle, et un rock anthologique *Be bop a le sida.* Il fit sa toilette, s'habilla, sans parvenir à se débarrasser du Brassens détourné qu'il sifflotait encore en descendant l'escalier. La batterie eut tout juste assez de jus pour faire partir le moteur. Il s'arrêta pour manger un morceau dans un restoroute, avant Paris. Les mornes étendues beauceronnes lui donnèrent le cafard et c'est avec soulagement qu'il dépassa le panneau de Dreux en début d'après-midi. L'interminable rue principale aux façades vieillottes et détrempées lui fit immédiatement regretter Hazebrouck. Deux mômes jouaient sous un porche. Il stoppa à leur hauteur, pour demander son chemin, mais ils disparurent dans des escaliers humides. Les habitants semblaient consignés dans leurs maisons. Les commerces, les cafés donnaient l'impression d'être fermés depuis des années. Un plan de ville à peu près lisible occupait le verso ingrat d'un panneau Decaux, et Cadin parvint à situer la rue du Professeur-Gauchon où vivait l'égrillard musicien amoureux. Il s'engagea sur la voie rapide de Nonancourt et prit vers les silos, après trois carrefours. Alexandre Mairot habitait un pavillon de construction récente entouré d'un jardin parfaitement entretenu. L'inspecteur appuya sur le bouton de l'interphone installé sur le pilier de la clôture et s'annonça. Une voix métallique l'invita à entrer. Ses pas crissèrent sur le gravier de l'allée rectiligne. Il poussa la porte, fit trois pas dans la pièce et s'immobilisa. L'homme qu'il venait voir l'observait du fond de son fauteuil roulant, le corps de travers, les jambes tordues, les mains agrippées au caoutchouc des roues. Cadin crut voir passer un sourire furtif sur le visage amaigri de l'infirme, comme si le mouvement de recul du visiteur le vengeait de son état.

— Bonjour, monsieur... Je n'ai pas bien compris avec l'appareil... Vous êtes inspecteur, mais inspecteur de quoi ? De la Sécurité sociale...

Cadin s'assit le dos à l'orgue électronique. Il se racla la gorge en fouillant dans ses poches et agita la cassette devant lui.

— Non, inspecteur de police... Vous reconnaissez ça ?

L'éducateur spécialisé identifia instantanément sa production et son visage tourna au rouge vif. Il poussa sur les roues de son fauteuil et roula vers Cadin.

— Oui... Et alors, ce n'est pas interdit que je sache... Où est-ce que vous l'avez trouvée ? C'est personnel...

— Pour être personnel, c'est personnel, aucun doute là-dessus ! Vous en faites circuler beaucoup ?

Alexandre Mairot recula et se gara près de son bureau.

— Qu'est-ce qu'on me reproche au juste ? Gainsbourg fait dix fois pire avec sa môme et tout le monde applaudit...

— Je ne m'intéresse pas à la chanson, je ne suis pas là pour ça, monsieur Mairot... Je vous demande simplement si vous en avez envoyé beaucoup ou si c'est la seule ?

Il ouvrit un cahier et commença à compter en suivant les lignes avec le bout de son doigt.

— Entre cent vingt et cent trente... Et elles m'en redemandent pour ainsi dire toutes... C'est bien la preuve que ça leur plaît... Non ?

Cadin se vit traînant le handicapé menotté dans la grand-rue de Dreux et eut soudain honte de ce qu'il faisait. Le souvenir des corbeaux morts lui donna la force de ne pas tourner les talons.

— Où étiez-vous samedi et dimanche dernier ?

— A l'hôpital... C'est là que je travaille : je m'occupe des grands blessés de la route... Je leur fais la lecture... Je leur tiens compagnie... Téléphonez si vous ne me croyez pas...

La direction du personnel confirma la présence d'Alexandre Mairot à son poste, le week-end précédent. Cadin lui apprit la mort de Marianne Lesdin et récupéra les deux lettres qu'elle avait envoyées à l'infirme. Il les lut, les coudes sur le volant, avec la Beauce qui défilait derrière les vitres, en se disant que la vie est parfois plus triste encore que le paysage.

A l'entrée de Rouen il faillit renverser une vieille qui s'aventurait sur un passage clouté, à cause d'une plantation d'*Angélus* de Millet décorant le mur d'un square. Plus loin ce fut *La Joconde* qui lui décocha un sourire depuis le pignon d'un laboratoire médical... Mona Nalyse... Il doubla l'usine d'incinération d'ordures ménagères en s'attendant à en voir la façade agrémentée d'un portrait de Jeanne d'Arc.

Vers quatre heures il se gara devant une maison normande à pans de bois de la rue Eau-de-Robec. Il sonna à la grille de Robert Paturier, un homme à qui la géante, dans son hit-parade, accordait généreusement dix-huit. Il se rappelait des passages entiers de la lettre partie six mois plus tôt de ce vieux quartier récemment reconquis par les notables.

Très chère amie,

Nous avons lu avec beaucoup d'intérêt votre longue lettre publiée dans le courrier « Boîte à la mer » de Femmes actuelles. *Peu de personnes parviennent à dire aussi justement que vous les malheurs moraux et physiques qu'engendre la solitude. C'est un gage essentiel d'authenticité. J'ai 52 ans, je suis brun et je pèse 77 kilos pour 1,69 m. Annette, ma femme, est brune elle aussi et n'a pas encore fêté ses 50 ans. Elle pèse 48 kilos pour 1,54 m. Nous travaillons encore tous les deux et habitons une vaste maison dans un quartier résidentiel de Rouen. Nous avons aménagé une très belle chambre d'amis où nous recevons pour une semaine, ou plus, des hommes, des femmes que la vie n'a pas épargnés. Ils partagent les moindres événements de notre vie, même les plus intimes. Je ne sais si vous avez déjà eu cette expérience et peut-être ma proposition va-t-elle vous choquer ? En fait ce sont des goûts aussi légitimes que d'autres. Nous sommes impatients de vous lire, de vous rencontrer, de vous accueillir dans notre famille. Ecrivez-nous en poste restante...*

La porte s'ouvrit et un homme d'allure sportive, détendu, apparut sur le seuil de la maison, un petit chien d'agrément sur les talons. Il descendit rapidement les quelques marches, le sourire aux lèvres, et s'approcha de la grille.

— Oui, vous désirez ?

Cadin sortit sa carte, directement. L'alignement des bandes tricolores figea le sourire. Robert Paturier le conduisit dans son bureau, au premier étage, et lui désigna une chaise. Cadin pointa le doigt en direction d'une porte d'où provenaient les échos d'un feuilleton télé.

— Votre femme est là ?

Le propriétaire de la maison hocha la tête.

— Dans ce cas, dites-lui de se joindre à nous, elle ne sera pas de trop.

Elle entra et son parfum s'installa dans toute la pièce. Elle avait encore un très joli visage malgré le maquillage excessif qui semblait limiter la variété de ses expressions. Elle vint se placer derrière son mari et s'appuya sur le dossier de son fauteuil en observant Cadin avec ironie. Il laissa le silence s'installer. En règle générale les gens qui n'avaient rien à se reprocher s'étonnaient de la présence de la police, s'irritaient. Là, rien de tel : ils savaient à quoi s'en tenir et attendaient l'attaque.

— Où étiez-vous samedi et dimanche dernier ?

Il leva la tête sur le côté pour voir sa femme.

— Nous n'avons pas bougé d'ici... Nous sommes restés enfermés, à écouter de la musique, à regarder la télévision... Je suis seulement sorti le samedi après-midi pour faire quelques courses...

— Vous étiez seuls ?

Ils hésitèrent et Annette Paturier prononça faiblement « oui » .

Cadin croisa les jambes et réprima un bâillement qui lui mouilla les yeux. Il prit dans sa poche les lettres reçues par Marianne et se mit à les trier.

— Dans ce cas, si je dois me fier à votre parole, autant vous préciser que j'enquête sur un meurtre...

Il ouvrit l'une des enveloppes postées à Rouen et la jeta sur le bureau.

— Vous reconnaissez votre écriture ?

Robert Paturier voulut saisir la lettre mais Cadin la reprit avant qu'il ait eu le temps de lire à qui elle était adressée. Paturier se leva, les mains à plat sur le plateau, et commença à hurler.

— Qu'est-ce que vous venez m'emmerder avec ça ! Je

fais ce que je veux quand je suis chez moi... J'invite qui je veux !

Sa femme passa ses bras autour de son cou et se mit à l'embrasser sur le visage en le rassurant.

— Mon tout petit, mon minou, mon tout petit, ce n'est rien mon minou...

Il laissa tomber sa tête sur l'épaule de sa femme et des larmes tachèrent le corsage. Cadin se leva.

— Ecoutez, madame. Je me fiche complètement de la manière dont vous vivez. Chacun règle ses problèmes comme il l'entend... Je sais simplement que vous recrutez des extra en répondant aux annonces et qu'une de vos correspondantes vient de payer l'une de ces rencontres de sa vie...

Annette et Robert Paturier dévisagèrent l'inspecteur et la question fusa au même instant entre leurs lèvres.

— Qui ?

— Répondez d'abord à la première question : étiez-vous seuls ce week-end et si c'est non, donnez-moi l'identité de votre invité...

L'homme eut soudain l'air exténué. Il soupira et ouvrit son agenda.

— Elle s'appelle Annick Dupriès... Elle est des Andelys... Vous avez son adresse et son téléphone ici...

Cadin composa le numéro et eut confirmation de la présence de la jeune femme au domicile des époux Paturier au cours du week-end précédent. Il reposa le combiné.

— La femme qui a été assassinée s'appelait Marianne Lesdin et elle habitait Malo-les-Bains... Vous avez eu l'occasion de la recevoir ?

Annette Paturier décrivit une silhouette avec ses deux mains.

— Une géante, non ?

Son mari avait surmonté sa crise.

— Oui, elle est venue un samedi... Nous lui avions donné rendez-vous à la gare, comme nous le faisons lors de chaque première rencontre... Elle était très impressionnante, rien que par son physique et en plus, elle ne parlait pour ainsi dire pas... Ça ne s'est pas bien passé... Elle devenait hystérique dès que ma femme l'approchait... Elle n'est même pas restée dormir et elle a repris un train dans la soirée... Je crois me souvenir qu'elle nous a envoyé une carte, pour s'excuser... Elle avait voulu essayer...

Cadin prit une chambre dans un hôtel-restaurant, après Neufchâtel. La fenêtre donnait sur le parking et toute sa nuit fut rythmée par les arrivées et les départs des routiers. Deux filles grimpaient dans les couchettes des cabines. Il voyait leurs jambes lorsqu'elles coupaient le faisceau des phares ou quand elles se hissaient sur les marchepieds. Au matin elles n'étaient plus là. Avant de reprendre la route, il téléphona au commissariat d'Hazebrouck. Le légiste venait de confirmer que la mort datait du samedi entre onze heures du matin et cinq heures du soir. Le brigadier Conninck lui apprit également que le vendredi précédant le crime, les flics de Longwy avaient arrêté François Fernier, le type qui postait ses lettres pornos depuis Mont-Saint-Martin, et qu'ils l'avaient gardé jusqu'au lundi matin, pour une affaire d'attentat à la pudeur sur mineure de moins de quinze ans. Cadin se fit la réflexion qu'il était difficile d'obtenir un meilleur alibi. De leur côté, les agents Brouakère et Lenert avaient fini de classer toutes les lettres reçues de l'étranger par Marianne Lesdin, et Interpol se tenait prête à faire vérifier l'emploi du temps de tous ces correspondants.

Le chauffage ne marchait plus : dès qu'il appuyait sur le bouton du ventilateur, il recevait un souffle d'air brûlant sur les pieds. S'il essayait de jouer sur la température, l'air devenait instantanément glacial. Il débrancha la climatisation défaillante et roula jusqu'à Amiens en essuyant du plat de la main la buée qui se formait sur la vitre. La cathédrale Notre-Dame montait la garde à l'entrée des quartiers défaits, mal remis des bombardements. Cadin sillonna les rues reconstruites et trouva à stationner place Gambetta, entre un camion d'Interflora et une camionnette Decaux dont le conducteur lavait un abribus au jet haute pression. Pierre Bongrant habitait au-dessus de la pharmacie, au premier, et un balcon circulaire courait sur tout un côté de son appartement. C'était un petit bonhomme d'un mètre cinquante-cinq maximum, vêtu d'un costume gris vraisemblablement coupé sur mesure et qui semblait porter la cravate de manière aussi permanente que la moustache. Il avait les cheveux noirs et ne cessait de relever une petite mèche qui s'affaissait sur son front, à gauche.

Un journal était étalé sur la table, à la page des petites annonces. Il le replia et invita l'inspecteur à s'asseoir. Cadin s'installa en se frottant les mains pour faire circuler le sang. Une voix étouffée leur parvint depuis la pièce située à l'autre bout de l'appartement.

— Pierre... Qui est là ?

Il se mit debout et adressa un sourire crispé à l'inspecteur.

— Ce n'est rien, maman... C'est l'électricité... Ne t'en fais pas, je vais venir te voir...

Cadin baissa la voix.

— C'est votre mère ?

Pierre Bongrant sortit dans le couloir et laissa la porte entrouverte.

— Non, c'est ma femme... Elle est gravement malade...

Excusez-moi une minute, je n'aime pas la sentir inquiète...

Cadin s'approcha du radiateur. Il prit l'une des lettres du petit homme et la relut, profitant de son absence momentanée.

Amiens le 13 avril 1983

Chère Marianne adorée,

Tes lettres sont de plus en plus belles et les fleurs séchées aussi. Je n'ai pas pu te répondre plus tôt car j'ai beaucoup de travail en ce moment à la banque, et ma mère est toujours aussi malade : il faut que je m'en occupe jour et nuit. J'ai offert tes fleurs séchées à l'autel que j'ai dressé sur un coin de mon balcon. Je suis, comme tu le sais déjà, un adorateur de la nature, du soleil. Nous dépendons d'elle comme elle dépend de nous. Je veux écrire un livre sur la manière dont les astres influent sur notre vie et comment la perte de ce contact peut nous faire rencontrer la solitude, la folie. Tu as beaucoup de chance de vivre près de l'eau, c'est un élément essentiel, c'est de là que les hommes viennent. Excuse-moi de ne pas t'envoyer de photos cette fois encore. Je n'en fais jamais. Au verso j'ai dessiné un portrait de moi, je crois qu'il est ressemblant. Je porte la moustache et les cheveux mi-longs. J'aimerais bien me laisser pousser la barbe, puisque la nature le veut, mais c'est mal vu à la banque. Je me venge pendant les vacances. J'espère que nous pourrons bientôt nous voir. En attendant ce jour, je veux te dire que je t'aime telle que tu es, et que ces mots sont véritablement authentiques, non recyclés dans les calculs de l'esprit et de l'intérêt.

Pierre.

Cadin rangeait tout juste la lettre quand il revint dans la salle à manger. Il s'assit en prenant soin de tirer son pantalon afin d'éviter les faux plis.

— Je lui ai donné son médicament, je crois qu'elle va s'endormir... Vous êtes du commissariat d'Amiens ?

Cadin rejeta le col de son imper sur ses épaules.

— Non, d'Hazebrouck, dans le Nord... J'enquête sur une disparition. Vous connaissez quelqu'un là-bas ?

Il l'observait avec attention tout en parlant. Pierre Bongrant n'avait pas cillé quand Cadin avait parlé de disparition. Il grimaça.

— Vous avez dit Hazebrouck... C'est bien ça... Non, je ne connais personne dans cette ville. On vous a dit...

Cadin posa l'enveloppe sur la table, près de la corbeille de fruits.

— Non, on ne m'a rien dit : je me suis contenté de lire... C'est bien votre écriture ?

L'homme prit la lettre et survola sa prose. Il jeta un regard en direction de la porte comme si la malade pouvait faire irruption d'une seconde à l'autre et surprendre son secret.

— C'est juste signé Pierre, sans nom de famille, sans adresse... il y a des milliers de Pierre à Amiens...

Cadin plongea la main dans sa poche d'imperméable.

— J'en ai une dizaine d'autres qui proviennent du même bureau distributeur... Et deux d'entre elles comportent un nom de famille et une poste restante... C'est l'un de vos premiers courriers et vous insistez déjà pour la rencontrer... Ça s'est fait ?

Pierre Bongrant se releva, fouilla dans ses poches comme s'il était à la recherche de cigarettes et ouvrit le tiroir du buffet.

— J'ai arrêté de fumer depuis un mois mais on ne s'habitue pas...

Il baissa le nez.

— Vous avez tout lu ?

Cadin prit conscience de l'odeur de médicament qui flottait dans la pièce. La tête lui tournait. Il eut soudain envie d'être dehors, de remettre à plus tard cette confrontation avec ce témoin étriqué qui devait se raboter le menton chaque matin en maudissant le chef de bureau dont le regard soupçonneux l'obligeait à manier le rasoir.

Il s'apprêtait à reposer sa question quand Pierre Bongrant referma le tiroir du buffet, une boîte de cachous Lajaunie dans la main. Il la prit entre le pouce et l'index de la main gauche et la fit pivoter lentement en découpant le scotch de protection avec l'ongle du pouce droit. Il se revit dans le fourgon, près de l'aérodrome, avec les corbeaux qui gueulaient en agonisant... Les petits sacs plastique remplis des objets prélevés par les agents Brouakère et Lenert étaient alignés sur la banquette...

Cadin sortit son calepin et rechercha la page... un préservatif usagé, un talon de chaussure d'homme, une boîte récente de cachous Lajaunie vide dont le scotch de protection, entre le couvercle et le fond, est coupé au couteau ou du bout de l'ongle...

Cadin respira profondément.

— Où étiez-vous le week-end dernier ?

L'employé de banque devint agressif. Il se versa une dizaine de cachous dans le creux de la main et les projeta dans sa bouche.

— Où vouliez-vous que je sois ? Ici ! Il faut bien que quelqu'un s'occupe d'elle !

Cadin n'avait plus la force de discuter. La fatigue de l'enquête et les centaines de kilomètres qu'il venait de couvrir dans sa 4L poussive se faisaient soudain sentir. Il ramassa la collection de lettres écrites par Pierre Bongrant et se dirigea vers la porte. L'homme se précipita sur lui.

— Où allez-vous ?

Cadin brandit les enveloppes devant ses yeux et désigna la chambre, au fond du couloir.

— Je vais lui donner tout ça, pour voir ce qu'elle en pense...

Il bloqua la porte, interdisant le passage à Cadin. L'inspecteur le laissa faire et attendit. Pierre Bongrant s'effondra d'un seul coup. Il se cassa en deux et les larmes jaillirent de ses yeux. Cadin le retint et l'aida à s'asseoir.

— C'est vous, hein, qui l'avez tuée...

Il remua la tête sans parvenir à retenir ses sanglots. Cadin ouvrit la fenêtre et aspira l'air frais à pleins poumons.

— Que s'est-il passé ?

Pierre Bongrant se mit à raconter, les mots hachés par les pleurs.

— On a correspondu pendant trois mois... Elle voulait me voir mais je n'avais jamais l'occasion de me libérer... Elle a menacé de cesser de m'écrire, alors j'ai embauché une garde-malade, pour samedi et dimanche derniers... J'ai fait croire à ma femme que la banque organisait un séminaire pour tous les employés... Marianne m'attendait samedi en fin de matinée à la gare, avec sa voiture... Elle avait retenu une chambre dans un hôtel... Sur la route, j'ai commencé à la caresser et elle a engagé la voiture dans un petit chemin, près d'un aérodrome...

Il s'arrêta et les larmes redoublèrent. L'inspecteur passa dans la cuisine et remplit un verre d'eau qu'il posa devant lui.

— Merci... Vous ne pouvez pas savoir... Elle est malade depuis des années... Je n'ai connu qu'elle... Je ne sais pas ce qui m'a pris... J'ai voulu la prendre dans mes bras, là, dans la voiture... Elle a été un peu surprise et s'est débattue... Elle m'a envoyé son bras dans la figure... et il a complètement arraché ma perruque...

Le regard de Cadin se bloqua sur la frontière trop nette entre la peau du front et les cheveux trop bien alignés.

— ... J'ai essayé de la remettre mais elle riait, elle riait... Je ne supportais pas ce rire... Je ne sais pas ce qui m'a pris...

Cadin décrocha le téléphone et composa le numéro du commissariat d'Amiens en se regardant dans la glace. Les flics passèrent les menottes à Pierre Bongrant. Avant de partir l'inspecteur poussa la porte de la chambre du fond. La pièce était plongée dans la pénombre, les rideaux tirés. La femme semblait dormir. Cadin s'approcha en étouffant ses pas, se pencha vers le visage de la malade. Il comprit que le petit employé de banque savait à quoi s'en tenir depuis qu'il s'était annoncé : elle ne respirait plus, une mousse blanchâtre s'était figée à la commissure de ses lèvres. Il souleva le tube de Valium posé sur la table de nuit, près d'un verre, et l'agita.

Son geste rencontra le vide.

Courvilliers
1982

Voie de garage

Les rectangles de peinture blanche tracés sur les troncs des platanes accrochaient la lumière des phares et donnaient l'illusion de se rejoindre là-bas, à hauteur de Courvilliers. La voiture dépassa les bâtiments grisâtres de l'élevage intensif de poulets et instantanément l'odeur de fiente envahit l'habitacle. Le conducteur écrasa la pédale de frein et la BMW chassa de l'arrière, roues bloquées. Il se gara sur le bas-côté, se tourna, le visage entre les appuis-tête. Il fixa la jeune femme assise au milieu de la banquette.

— Alors, tu te décides ?

Les deux gars qui l'encadraient la regardèrent en ricanant. Ses quinze ans étaient encore perceptibles sous la grimace amère qui perturba la couche de maquillage.

— Allez vous faire foutre tous autant que vous êtes ! Je baise avec qui je veux...

Le conducteur souleva la tirette, bascula le siège du passager et ouvrit la porte avant droite.

— Dans ce cas, tu te tires... J'ai pas l'habitude de faire taxi...

Elle essaya de protester mais les deux types l'avaient

déjà agrippée et la poussèrent vers l'avant. Une main s'insinua entre ses jambes. Elle se redressa, surprise et se cogna contre le montant métallique. Son portefeuille tomba sur la moquette de la BMW sans que personne n'y fasse attention. Ils se mirent à rire. Elle sauta, prise de panique, et s'affala dans l'herbe humide. La portière claqua et la voiture s'éloigna, effaçant les arbres, par paire. Elle s'adossa à un platane et attendit, avant de se mettre à marcher, que les feux arrière de la BMW soient avalés par la nuit. Courvilliers se trouvait à environ trois kilomètres, juste après le cimetière des chiens, puis il lui en restait encore moitié autant pour rejoindre le pavillon de ses parents dans le quartier de la Haie-Meilland. Elle aurait pu gagner quelques centaines de mètres en coupant au travers des champs mais les fosses remplies à ras bord de déjections de volailles n'étaient pas signalées. Deux mois plus tôt un voleur de voitures qui désossait tranquillement une R5 à l'abri des rangs de maïs s'était fait courser par une patrouille de Courvilliers. Il s'était aventuré par mégarde sur une fosse, trompé par l'épaisse couche durcie aux allures de terre séchée qui avait cédé sous son poids. Les flics l'avaient repêché, à la limite de l'asphyxie, et pendant presque un mois le fourgon, lavé au jet matin, midi et soir, avait reniflé la merde de poulet à plein nez.

Elle s'immobilisa, alertée par le moteur d'une voiture, et pivota en agitant le bras. La lumière des phares éclaboussa ses jambes. Le break fit un écart, ralentit, les stop s'allumèrent une fraction de seconde, puis la bagnole reprit de la vitesse. Elle se mit à insulter l'inconnu, couvrit encore une centaine de mètres en traînant les pieds et s'assit sur une borne pour enlever un gravillon coincé dans sa chaussure. Une autre voiture négocia le virage du vieux pays de Tremblay. Elle remit rapidement son soulier, en tirant du bout de l'index sur le contrefort du talon, et se précipita sur la chaussée, les bras en sémaphore. Le conducteur ne dévia pas de sa route et son pied ne quitta pas l'accélérateur. Le pare-chocs la prit juste sous les genoux et la propulsa sur le capot. Elle n'eut pas le temps de crier. Sa tête s'écrasa sur le pare-brise, entre les essuie-glaces et brisa la vitre. Elle continua sa course sur le toit de la 205 blanche et retomba lourdement sur le bas-côté au pied d'un platane. La Peugeot zigzagua sur une centaine de mètres, s'arrêta, puis les feux de recul s'allumèrent et leur lueur trop blanche éclaira la scène en se rapprochant. Un homme descendit en titubant, se baissa près de l'accidentée, lui prit le pouls. Il revint garer sa voiture entre deux arbres, éteignit les lumières et bascula le corps dans le fossé.

L'inspecteur Cadin piqua les chipolatas sur toute leur longueur, avec les pointes de la fourchette, et les jeta dans la poêle. Il posa un couvercle, baissa le gaz et se réinstalla devant son petit déjeuner. Il trempa la tartine beurrée dans le Nescafé et la porta à sa bouche mais l'odeur de friture avait déjà envahi les deux pièces de l'appartement. Il ouvrit la fenêtre en grand et patienta, le buste à l'air, jusqu'à ce que les saucisses soient cuites. Il les découpa en petits morceaux, les fit refroidir cinq ou six minutes dans le congélateur et les présenta à Chatka. Le chat s'approcha du plat, le renifla, la queue dressée, lança un bref regard désolé à l'inspecteur et fit lentement demi-tour.

— Mange, c'est bon...

Il fit semblant de manger, avec des bruits de langue, de salive, sans convaincre l'animal. Il agita la boîte de Ronron de la veille et passa sa main sur l'étagère vide comme pour lui prouver sa bonne foi. Le téléphone se mit à sonner dans la salle de séjour. Cadin planta le chat dans la cuisine et décrocha le combiné. Il identifia tout de suite le reniflement sinusital de Mimosa. Des mois que le bibendum alcoolique vivait avec ce rhume chronique dont les manches de son uniforme faisaient les frais.

— Excusez-moi de vous déranger chez vous, inspecteur... chez vous, inspecteur... Mais on vient de trouver un cadavre sur la route de Tremblay... Un cadavre sur la route de Tremblay...

Cadin l'assura de son arrivée imminente et raccrocha l'appareil. Il s'était habitué au curieux redoublement de phrases dont Mimosa était affligé. Il passa sa veste. Chatka vint se frotter à la jambe de son pantalon. Il se baissa pour le caresser, imitant son subordonné.

— Je reviens avant midi avec une boîte... avec une boîte. Je te le promets... le promets.

Le rocker du dessous avait une fois de plus garé sa voiture devant les parkings, l'empêchant de sortir. La porte de sa 404 n'était pas fermée à clef et l'inspecteur parvint à pousser suffisamment la Peugeot pour quitter sa place de garage. Il ne pleuvait pas, il faisait même doux, et le vent venait d'ouest, dispersant les nuages compacts de chez Hotch sur la plaine de France. Il eut envie de s'arrêter au *Chien qui fume* pour avaler un café, par habitude, mais l'écœurement de la cuisson lui titillait encore l'œsophage. Les commerces de la rue Gambetta levaient leurs rideaux métalliques. Le gardien de faction poussa la grille du commissariat et Cadin vint se ranger près du fourgon, dans la cour de derrière. Mimosa était en discussion avec Mernadez, un flic entre deux âges qui tuait ses heures de permanence en composant des poèmes au verso des formulaires du ministère. Cadin en récupérait un de temps à autre et le classait sous le rabat de couverture du cahier sur lequel il collait les coupures de presse qui attiraient son attention

Impératif le téléphone a dicté l'ordre :

Il faut partir. Partir dans la nuit froide et sombre,
Vers un vague quelque part où règne le désordre,
Quitter la maison chaude et claire. Servir dans l'ombre...

Mimosa s'essuya le nez d'un rapide revers de manche et vint à la rencontre de l'inspecteur. Cadin le salua et se plaça de telle sorte qu'il évitait son haleine.

— Alors, où il est ce cadavre ?

— Comme je vous l'ai dit, inspecteur, inspecteur... Route de Tremblay, dans le fossé, le fossé...

Mernadez vint à son secours.

— Ils l'ont laissé là-bas, personne n'y a touché. Ce sont les communaux qui sont tombés dessus, il y a tout juste une heure. Ils sont en train de curer le Sausset et ils en profitent pour vérifier tout le réseau, les bassins, les fossés, les ruisseaux... Normalement ils ne mettent jamais les pieds dans ce coin-là mais des mômes avaient jeté des caddies de l'Euromarché dans les regards en béton, près de l'élevage Dabergne. D'après ce qu'ils nous ont dit tout à l'heure, c'est une môme d'une vingtaine d'années, peut-être moins... sérieusement amochée...

Cadin laissa la direction du commissariat à Mimosa et descendit les marches du perron. Le poète en uniforme, penché sous le capot de la R12, remettait l'huile à niveau. Quand il démarra, la fumée produite par la combustion du premier quart de litre noya la façade dans un nuage bleuté. Les égoutiers cassaient la croûte dans la cabine de leur camion-pompe, les portières largement ouvertes. *Europe* diffusait un sketch de Coluche. Aucun d'eux ne riait mais personne n'avait pensé à couper la radio.

— Est-ce que le schmil...bili...bili...bilic ça sert aussi aux femmes ?

— Oui, monsieur. A quoi pensez-vous ?

— A rien... C'était juste pour faire avancer le schmil...bil...bili...schmilbi...

Le chef d'équipe se laissa glisser de son siège et planta les talons de ses cuissardes dans l'herbe. Cadin lui tendit la main.

— C'est vous qui l'avez découverte ?

— Oui, moi et mes gars. On n'a rien voulu déplacer... On fera notre boulot quand vous aurez fini le vôtre.

L'inspecteur s'approcha du fossé et prit appui sur le tronc d'un platane pour s'accroupir. La gamine était allongée sur le côté, les yeux fermés, ses vêtements en ordre. Sa jambe droite était tordue vers l'avant, à hauteur du genou, et du sang avait séché, en filets multiples sur toute la surface visible de sa peau. Il observa le sol, tout autour sans rien remarquer, au premier examen, puis il ramassa un morceau de plastique rouge légèrement incurvé qu'il tendit à Mernadez.

— Faites analyser ça, je veux savoir d'où ça vient.

Le soir même le labo rendait ses premières conclusions, par téléphone. La jeune femme n'avait pas été violée et sa mort était due à une violente rupture des vertèbres cervicales. De plus on dénombrait une quantité importante de blessures sur le corps de la victime : fracture des deux fémurs, fêlure de la hanche gauche, enfoncement de la boîte crânienne, hématomes sur les faces antérieures des cuisses... Cadin nota tous les détails sur son calepin et quitta le commissariat après avoir vérifié que les procédures de recherche de l'identité de l'inconnue étaient toutes engagées. Dans les vestiaires il croisa Léonard, le jeune flic kabyle, qui assurait sa semaine de service de nuit, puis il essaya de rentrer chez lui. A mi-chemin l'enseigne du centre commercial l'attira et il fila vers la lumière, comme un papillon. A l'intérieur l'ambiance évoquait un naufrage sans eau. Les rescapés accrochés à leur caddy récupéraient les vivres flottant près des têtes de gondoles... Il se mit à draguer, les mains dans les poches, porté par le courant, dévorant des yeux les regards féminins solitaires qui passaient à sa portée. Jeunes, moins jeunes, franchement vieilles, pour éviter le tête-à-tête avec le chat... Il amorça une conversation sur les douilles à vis ou à baïonnette avec une blonde abordable égarée dans les watts et l'abandonna à regret quand elle posa les mains sur la barre d'une poussette garnie d'un môme en pleurs. Il échoua à la terrasse de la pizzeria *Togliatta* et commanda une *pescatore*. Trois moules échappées de leur conserve et une douzaine de crevettes épluchées surnageant dans un océan de sauce tomate justifiaient le nom en version originale. Il découpa le trottoir et se mit en devoir d'ingurgiter la place. Il se décida à mettre le cap sur la cité alors qu'on baissait les grilles donnant sur le parking. Des clochards ramassaient les cartons éparpillés en prévision de leur nuit. Les accords de *Satisfaction* vibraient dans l'escalier comme si la porte de l'appartement du rocker lui servait d'enceinte géante. Cadin tapa du poing en passant et la banane gominée du voisin du dessous s'aventura sur le palier alors qu'il attaquait la dernière volée de marches.

— Bonsoir, inspecteur... C'est un peu fort, j'allais baisser...

L'inspecteur le remercia d'un signe de tête et s'apprêtait à entrer chez lui quand le miaulement d'accueil de Chatka lui rappela ce qu'il avait oublié. Il se tourna vers le fan de Jagger.

— Vous n'auriez pas un reste de boîte... pour le chat... Ça m'est complètement sorti de l'esprit...

Le voisin éleva la voix pour couvrir le refrain tout en balançant les épaules et en tapant la semelle de ses boots sur le carrelage.

— J'ai l'espèce de pâtée que je donne au berger... Votre chat devrait l'avaler sans problèmes, ça sort des mêmes cuves, à l'usine...

Cadin réintégra son deux-pièces avec une boîte vierge

d'un kilo et demi de boulettes à la moelle sous le bras. Chatka se jeta dessus et nettoya son assiette comme s'il avait compris qu'il tapait dans la ration du berger allemand qui le coursait, crocs en manque, dès qu'ils tombaient nez à nez sur le parking d'en bas. L'inspecteur fouilla dans l'une des caisses de déménagement qui encombraient la salle de séjour et exhuma un vieux walkman de la première génération. Il coinça les écouteurs sur ses lobes d'oreilles et enclencha une cassette pirate de Mingus. Les notes de *Cherokee* repoussèrent les soucis. Pour quelques heures.

Il se leva vers six heures avec des aigreurs d'estomac et un léger mal de tête originaire d'Italie, via Bercy. Il demeura penché au-dessus de l'évier, abruti et fasciné, tout le temps que l'aspirine mit à fondre. Il émergea de sa torpeur quand le squelette du cachet remonta à la surface et se disloqua en cognant sur les bords. Cadin attendit que le sel se dépose au fond du verre et avala le médicament d'un trait en se pinçant le nez. Dehors il faisait déjà lourd. Des nuages d'orage s'appesantissaient sur la cuvette séquannaise, alourdissant le sang dans les veines, ralentissant les gestes. Cadin se laissa tomber sur le siège de sa 4L et conduisit au radar jusqu'au commissariat. Léonard l'attendait dans la salle de permanence tout en exécutant des exercices d'assouplissement. Il pouvait s'agiter comme ça pendant des heures sans que la moindre goutte de sueur vienne auréoler sa chemise ou perler à son front. Il s'approcha de l'inspecteur en sautillant, lançant de brefs coups de poing dans le vide.

— Bien dormi, Cadin ?

L'inspecteur se maintint à distance et tenta, en vain, de réprimer un bâillement.

— Pas trop... Il y a du nouveau pour la gamine d'hier ?

— Non, pas encore... mais ça ne devrait pas tarder : le journaliste du *Parisien* m'a confirmé tout à l'heure que le photographe de la morgue avait fait du bon boulot et qu'ils passaient un portrait arrangé de la môme dans la seconde édition. Elle sera dans les kiosques d'ici une heure... Sinon il ne s'est rien passé d'important cette nuit : que des bricoles de main courante...

Cadin ôta sa veste et la pendit à l'un des crochets du perroquet.

— Et chez Hotch, ça donne quoi ? Je n'ai pas écouté la radio ce matin...

— Ça se calme. Les C.R.S. ont évacué l'entrée principale vers minuit et ils se sont regroupés vers les bassins de décantation, en face de Garonor. Les piquets de grève se contentent de filtrer les gars qui vont au boulot et de les insulter. On a un type des R.G. à la direction de l'intersyndicale, d'après lui c'est le baroud d'honneur... Ils reprendront tous le collier avant la fin de la semaine.

Mernadez et Mimosa arrivèrent ensemble, en civil, et passèrent leur uniforme dans le vestiaire, se planquant mutuellement du regard de l'autre derrière les portes ouvertes des armoires métalliques. Le poète supervisa le départ des auxiliaires féminines pour les entrées d'écoles tandis que le flic à tête de feu rouge branchait les bâtons lumineux sur le tableau des accumulateurs. Un coursier en mobylette remit à Cadin une enveloppe à en-tête de la préfecture qui contenait les résultats de l'analyse du morceau de plastique prélevé près du lieu de découverte du corps. Le commissaire Périni se montra exceptionnellement à l'heure du café. Il vivait claquemuré dans son bureau depuis trois jours, plongé dans les chiffres de la délinquance de Courvilliers, établissant les courbes des accrochages, dessinant les graphiques des cambriolages, calculant les statistiques de progression de la consommation de haschich, cité par cité. Il but sa tasse à petites gorgées sans prononcer une phrase et retourna à ses dossiers. Le premier appel arriva à huit heures cinq. C'était le serveur du bar de la station R.E.R. des Beaudottes qui affirmait connaître la fille dont la photo s'étalait en page faits divers du *Parisien*. Mimosa bascula la communication sur le poste de l'inspecteur. Cadin nota son nom et son numéro de téléphone avant de l'interroger.

— Vous savez comment elle s'appelle ?

Le type attendit que le bruit de locomotive du percolateur s'atténue pour répondre.

— Seulement son prénom, Lisa... Elle venait souvent avec une bande de la Haie-Meilland... Je crois bien qu'elle est de là-bas, elle aussi... Ils ont une BMW noire...

— Et vous vous souvenez d'avoir vu l'un ou l'autre de ses amis ce matin ou dans la journée d'hier ?

— Non, pas ce matin. Hier non plus, j'étais de repos...

Cadin venait tout juste de reposer son téléphone que Mernadez cogna à sa porte et entra suivi d'un couple. La femme, en pleurs, se laissa choir sur une chaise branlante dont l'inspecteur se servait uniquement pour bloquer la porte les jours de grande chaleur. Elle farfouilla dans son sac et déplia un carré de tissu brodé dans lequel elle se moucha bruyamment. Cadin fixa Mernadez qui se tenait dans l'encadrement.

— Je vous remercie, vous pouvez disposer.

L'homme, la cinquantaine largement empâtée, prit appui des deux mains sur le plateau du bureau.

— Où est ma fille ? Qu'est-ce qu'il lui est arrivé ?

Cadin se mit debout. Son mètre quatre-vingts lui permettait à peine de placer ses yeux à hauteur du menton de son interlocuteur. Il leva la tête.

— De qui parlez-vous ?

Le type se tourna, prit un journal dans le sac de sa

femme et l'ouvrit fébrilement à la page centrale. Son doigt s'écrasa sur le visage de la morte.

— D'elle !

L'inspecteur encaissa la brièveté de la réponse et ne put s'empêcher de laisser les mots habituels courir sur ses lèvres.

— Vous la connaissiez ?

— C'est ma fille, je vous dis. Je veux la voir immédiatement et savoir quel est l'enculé qui est responsable de ça... Vous m'entendez ?

— Jusqu'à cet instant nous ignorions tout d'elle... A part son prénom... Lisa... Je vais vous demander d'avoir énormément de courage et de répondre à toutes mes questions.

Il prit son téléphone pour dire à Mernadez d'apporter un autre siège. Le père, visage fermé, réitéra son exigence.

— Je veux la voir... Je ne dirai rien avant...

— Elle n'est pas ici... Le juge a ordonné une autopsie... Elle est en cours... L'un de mes hommes vous conduira tout à l'heure à l'institut médico-légal, pour reconnaître le corps... Chaque minute compte, chaque renseignement peut revêtir une importance capitale. Vous devez nous aider...

Il s'effondra dans le fauteuil que Mernadez avait avancé devant le bureau, se masquant le visage de ses mains et les larmes coulèrent le long de ses bras. Il parlait tout bas, le regard braqué sur ses pointes de chaussures.

— Notre fille s'appelle Elise... Elise Coutureau. Elle doit... Elle devait avoir dix-sept ans au début du mois prochain. Elle était sortie seule, mercredi soir... Elle devait rejoindre des amis devant le complexe cinéma de Parinor, c'est ce qu'elle a dit à sa mère avant de partir...

Cadin se massa le front. Une seule question lui brûlait les lèvres mais il n'osait pas encore la poser de peur de les braquer, de les choquer. Il tourna autour du pot en accumulant les renseignements ordinaires.

— Elle avait des papiers sur elle, de l'argent ?

— Oui, bien sûr, elle avait son portefeuille et de quoi aller au cinéma et se payer le restaurant. Pourquoi ?

— Nous n'avons rien retrouvé dans le fossé de la route du Vieux-Tremblay... J'enverrai quand même l'un de mes hommes vérifier chez vous si par extraordinaire elle n'aurait pas oublié son portefeuille... Ce sont des choses qui arrivent. Qu'est-ce que vous faites comme profession ?

Il désigna le questionnaire étalé devant lui, comme pour s'excuser.

— C'est pour le dossier...

— Je travaille chez Hotch, à la sécurité... Enfin pas directement pour eux, une boîte d'intérim... Ils ne disent rien dans le journal... On voudrait savoir si...

Sa voix se brisa et il chercha de l'aide dans les yeux cernés de sa femme. Cadin posa son stylo et termina sa phrase.

— Savoir si elle a souffert... Non, elle est morte sur le coup. Nous sommes maintenant persuadés qu'elle a été victime d'un chauffard.

Il ouvrit le tiroir supérieur de son bureau et tira l'enveloppe kraft apportée par le coursier. Il la renversa sur la table et agita le sachet transparent qui renfermait le fragment de plastique trouvé près du cadavre d'Elise Coutureau.

— Tout concorde, la nature des blessures, des plaies, leur disposition sur le corps... Votre fille a été renversée par une voiture qui roulait à vive allure et qui a dû subir quelques dégâts dans la collision. Nous possédons ce morceau de clignotant avant de 205... Il nous reste à trouver la carrosserie qui va avec...

Les parents d'Elise Coutureau avaient repris un peu de tonus. Il en profita pour lancer sa question.

— Il y a une chose que je ne comprends pas... Votre fille a disparu mercredi soir, nous sommes vendredi matin et vous n'avez pas pensé à prévenir la police ?

La femme fut prise d'une crise nerveuse. Elle essayait de hurler mais sa voix était brisée par des hoquets qui hachaient ses cris, les transformant en râles. Le père d'Elise essaya de la calmer avant de répondre à Cadin.

— J'ignorais qu'elle n'était pas rentrée... Je ne suis pratiquement plus à la maison depuis le début des événements... Je dors dans les ateliers de l'usine... On a trois mille Turcs et autant d'Arabes sur les bras... Je suis tombé dessus en ouvrant le journal, tout à l'heure... Je n'y croyais pas... J'étais comme fou... Quand je suis arrivé dans la cuisine ma femme avait le journal entre les mains...

L'inspecteur abrégea l'interrogatoire des parents d'Elise, leur signala rituellement qu'ils ne devaient pas s'éloigner, se tenir à la disposition de la police, et demanda à Mernadez de les conduire auprès du légiste. Ils quittèrent son bureau, laissant l'exemplaire du *Parisien* sur la chaise. Cadin le prit, jeta un coup d'œil à la page météo, beau temps localement brumeux avec tendance orageuse, capitula devant la complexité de la carte des difficultés de circulation régionales puis éparpilla son attention sur les courts faits divers disposés en colonne extérieure près des articles consacrés aux exploits des ennemis publics numéros un, deux, trois, quatre... Il dénicha son bonheur, dix lignes en bas de page, près d'une publicité pour Casse-Center. Le feutre rouge encercla le texte :

MORT D'UN POMPIER

Raymond Wahlen, un sapeur-pompier de Buffalo (Etat de New York), s'est tué en plongeant dans une piscine vide pour porter secours à un collègue, James Jerge, qui, trompé lui aussi par l'obscurité, s'était déjà précipité la tête la première au fond du bassin.

Raymond Wahlen a été déclaré mort à son arrivée à l'hôpital. James Jerge est quant à lui en assez bonne condition avec un bras cassé et quelques contusions.

En bas, dans la cour, les auxiliaires de retour des surveillances écolières attendaient en caquetant d'être lâchées dans les rues où, à coups de papillons, elles feraient respecter l'alternance le long des trottoirs. Cadin débarrassa la fenêtre de son espagnolette et, dans le silence retrouvé, il téléphona au service des cartes grises. Au cours des dernières quarante-huit heures les commissariats du département avaient reçu trois ordres de destruction de véhicules 205. Il fit bloquer les procédures et exigea que les Peugeot soient mises de côté, à la fourrière. On lui signala également deux déclarations de vol de voitures du même genre et de même couleur, blanche, dans la journée du jeudi. Il demanda copie de l'ensemble de ces cinq dossiers et attendit l'arrivée du coursier en observant la molle dislocation d'un nuage en forme de cheval, jambes de guimauve, crinière en barbe à papa... Il déplia un formulaire de demande de passeport et reconnut l'écriture enfantine de Mernadez.

Elle affaire surtout au Palais de Justice,
Est dans les tribunaux, cabinets d'instruction,
Transporte les dossiers dans les divers services,
Conduit les détenus en dehors des prisons.

La fourrière occupait une partie d'un fort désaffecté, sur la ligne stratégique de 1845, et il fallait risquer la santé de ses amortisseurs sur une route pilonnée par le passage intensif des remorqueuses, pour accéder au vaste champ où les voitures alignées impeccablement évoquaient autant de croix. Les trois 205 en sursis de broyeuse étaient garées à l'écart près de l'entrée d'un tunnel où, disait-on, avant de louer les terrains à l'Intérieur, l'armée enfouissait les déchets atomiques de ses laboratoires de Vaujours. Les extrémités des calandres de deux des voitures possédaient encore leurs protections de clignotants orangées. Le dernier véhicule, une GTI, était réduit à l'état de carcasse, une série de tonneaux sur l'autoroute de l'Est à hauteur de Nogent-sur-Marne, consécutifs à l'éclatement d'un pneu. Le conducteur et son passager y avaient laissé leur vie. L'accident datait du jeudi, en début de matinée, ce qui n'excluait pas qu'il puisse s'agir de la Peugeot que Cadin recherchait. Il se rendit à la gendarmerie de Vincennes qui avait établi le procès-verbal. Un maréchal des logis-chef évasif le laissa mariner pendant vingt minutes sur une banquette inhospitalière, face à une affiche martiale rameutant pour l'armée, et finit par lui dire que les collègues envoyés sur l'accident du jeudi matin n'étaient pas de service. Cadin n'insista pas et se rendit directement à l'entrée du casernement qui jouxtait les salles de travail. Le gardien ne semblait pas développer d'animosité particulière envers la Police nationale, il lui indiqua les numéros d'appartement des deux gendarmes dont les noms figuraient au bas du rapport. L'inspecteur se planta devant le 25, au deuxième étage, et s'apprêtait à cogner à la porte quand les éclats d'une dispute firent vibrer la cloison. Ça se traitait de tous les noms et la virilité du sous-officier Niolais en prenait pour son grade ! Cadin se fit la réflexion que ce qui se disait là, dans l'intimité d'un foyer, vengeait des millions d'automobilistes des persécutions subies au bord des routes. Il grimpa d'un niveau et frappa à la porte du brigadier Thomas. Il exposa les raisons de sa visite et apprit que la

205 accidentée sur l'autoroute de l'Est arrivait de Strasbourg d'où elle était partie un peu après vingt-trois heures le mercredi dans la nuit. Le conducteur et son passager avaient momentanément quitté l'autoroute, à Sainte-Menehould, ce dont témoignaient des justificatifs de sortie et d'entrée sur le réseau autoroutier. Ils avaient fait une halte dans un routier ouvert en permanence et repris la route dans un état avancé : la note retrouvée dans le portefeuille du conducteur de la GTI mentionnait la consommation de deux apéritifs, de deux bouteilles de bordeaux et de deux pousse-café. Cadin biffa la troisième et dernière ligne de la colonne « Cartes grises ». Il lui fallait maintenant s'attaquer à la colonne restreinte des « Vols ».

Mimosa se précipita vers lui quand il gara sa 4L derrière le fourgon. Il courut sur trois mètres, imprimant des mouvements inquiétants à son énorme bedaine. Il plaqua ses paumes sur ses seins pour bloquer leur dérive métronomique, et se planta devant l'inspecteur le front couvert de grosses gouttes de sueur, le souffle court. L'écho dans sa voix était haché par l'essoufflement.

— Ins...pec...teur... On a...les pa...piers... les pa...piers...

Cadin s'arma de patience et déchiffra le message, éliminant les répétitions, effaçant les pointillés, recollant les syllabes : une femme de ménage de *L'Olivier*, un restaurant du quartier mairie, venait tout juste d'appeler, ayant eu la surprise de trouver le portefeuille d'Elise Coutureau dans la chasse d'eau des toilettes de l'établissement.

Cadin remonta la rue Gambetta, laissa le monument aux morts de Courvilliers sur sa droite, un poilu vert-de-grisé, hilare et désarmé, brandissant un rameau d'olivier,

— Passez rapidement chez D.M.R., à la mairie, l'installateur de cuisines et de salles de bains... Amenez votre matériel, il y a trois dépositions à prendre. Je vous attends.

L'inspecteur était encore dans son bureau quand Léonard prit son service, à dix-neuf heures. Ils eurent le temps d'échanger quelques mots puis la fréquence radio signala des incidents à l'entrée des usines Hotch, un autocar bourré d'intérimaires venait de forcer un piquet de grève et une centaine d'ouvriers se dirigeaient vers les ateliers. Léonard rassembla ses effectifs et fila vers la zone industrielle pour y assister, impuissant, au match qui opposait les grévistes à la coalition formée par la milice de chez Hotch et les C.R.S.

Cadin rangeait ses dossiers et s'apprêtait à rejoindre Chatka quand le flic de permanence du commissariat de La Courneuve lui apprit que le fourgon patrouilleur avait mis la main sur l'une des deux 205 Peugeot blanches signalées volées dans la journée du jeudi. Il se rendit sur place, près du chantier de l'autoroute A86. La voiture était cachée dans un chemin longeant le fort de l'Est, intacte. Pas la moindre parcelle de plastique ne lui faisait défaut. Il téléphona, depuis le fourgon, au commissaire de La Courneuve qu'il dérangea en plein dîner, et obtint que la déclaration de découverte de la 205 soit différée, ainsi que la garde de la voiture jusqu'au lendemain. Il laissa sa 4L près de la caserne de gardes mobiles, confiant dans la répulsion que suscitaient ces murs dans l'esprit des pilleurs d'épaves, et mit le cap sur Courvilliers. Il se gara à l'abri des regards indiscrets, derrière le camion isotherme de la charcuterie, et brisa le clignotant avant-gauche à coups de talons. Il dut s'y reprendre à trois fois, surpris par l'élasticité du matériau. Le chat eut et pénétra dans le restaurant qui avait pris pour nom ce symbole de paix. La femme était seule et préparait le service du soir. Elle installa l'inspecteur sur un coin de table, posa le portefeuille et lui fit un café. Une carte d'identité, quelques photos de vacances, des tickets de bus, deux billets de cent francs. Il écarta le sucre posé dans la soucoupe et secoua sa boîte de sucrettes au-dessus de la tasse.

— Tout le monde prend ça, maintenant, mais j'ai lu quelque part que c'était cancérigène...

Cadin touilla son café, le but d'un trait et fixa la serveuse.

— Alors c'est sûrement pour cette raison que ça fait maigrir... Vous regardez souvent dans la chasse d'eau ?

Elle haussa les épaules.

— Ça se lave, ça s'entretient, c'est comme tout ! Le mécanisme était bloqué et on n'arrivait plus à faire couler l'eau... J'ai soulevé le couvercle, il faudrait que je vous montre, c'est pas une chasse placée en haut, il y a tout d'un bloc, la cuvette et la chasse... C'était à cause de ce portefeuille... Je suis certaine qu'il n'y était pas ce matin, que quelqu'un l'a mis à l'heure du déjeuner...

— Comment pouvez-vous en être sûre ?

— C'est simple, vers dix heures j'avais remplacé la plaquette de désodorisant qui trempe dans le réservoir, le truc qui colore l'eau en bleu... A ce moment-là, il n'y avait rien sinon je l'aurais remarqué.

Cadin n'était jamais venu dans ce restaurant où l'on pouvait difficilement s'installer seul à table sans se sentir déplacé. A l'abri de ces rideaux brodés les amours se rodaient autour d'un feuilleté de saumon, les couples se consolidaient dans les vapeurs du chablis et les bouchons de champagne ponctuaient les anniversaires. Il vint s'accouder au bar.

— Vous avez eu beaucoup de clients à midi ?

Elle souleva un plateau, ramassa son carnet de commandes et feuilleta les doubles.

— Non, ici ça marche surtout le soir... Trois tables, celle du marchand de chaussures, quatre menus et deux suppléments-desserts, celle des deux retraités, ils viennent pour ainsi dire tous les jours, et puis celle des trois jeunes qui travaillent plus haut, chez D.M.R., le marchand de cuisines...

— Vous avez remarqué s'ils avaient une voiture ?

La femme fit une grimace pour dire son ignorance.

— Ils ont cinq cents mètres à faire... Ils arrivent à pied...

Cadin glissa le portefeuille encore humide dans sa poche intérieure et longea l'exposition de voitures d'occasion. Le néon de D.M.R. clignotait au travers des feuilles d'un platane et un calicot drainait le gogo en promettant 25% de réduction sur l'électroménager, sans préciser que le rabais ne concernait que les marques élues par le revendeur, c'est-à-dire les plus chères. Il repéra la BMW noire garée sur le trottoir, entre deux exemplaires de ces miteux bacs à fleurs que la municipalité dispersait dans la ville, avec l'espoir de rallier les écolos. Il entra, emprunta l'allée des lavabos et des éviers, déboucha sur la place des baignoires encastrées en observant, amusé, la convergence stratégique des vendeurs : le premier fondait sur lui en manches de chemise depuis la salle des gazinières, un autre abandonnait la lecture d'un magazine pour homme moderne posé sur le couvercle d'une machine à laver, tandis que le troisième descendait l'escalier menant aux bureaux en lui souriant de toutes ses dents. Il ne manquait que la musique et les plumes ! Ils le rejoignirent à peu près au même instant. Cadin exhiba sa carte et pointa le doigt vers la voiture.

— Elle est à qui la bagnole ?

L'amateur de femmes imprimées se racla la gorge tandis que ses deux collègues opéraient une manœuvre de repli simultané.

— A moi... Je la gare toujours là, d'habitude on ne me dit jamais rien... Je croyais que c'était toléré... Faut que je l'enlève ?

Cadin conseilla aux deux autres vendeurs de ne pas s'éloigner et lança le portefeuille d'Elise Coutureau sur un petit meuble de salle d'eau, au milieu d'une collection de mitigeurs thermostatiques.

— Lequel d'entre vous s'est débarrassé de ça dans les chiottes de *L'Olivier* ?

Les trois hommes se figèrent, le regard braqué sur le cuir auréolé ; leur silence avait le poids du remords. Le propriétaire de la BMW se laissa tomber sur le coin d'un bidet et se prit la tête entre les mains.

— C'est moi...

L'inspecteur s'agenouilla près de lui.

— Pourquoi avez-vous fait ça ? Vous auriez pu nous l'apporter directement au commissariat, c'était quand même plus simple.

Le vendeur se redressa, évitant le regard de Cadin. Il raconta d'un trait l'équipée du mercredi soir, la tournée des bars en compagnie d'Elise, la réputation de fille facile de la gamine, l'excitation, le refus, et le largage sur la route déserte, près des fosses.

— On a retrouvé le portefeuille le lendemain, sous le siège... Je voulais le lui rendre mais bien sûr personne ne l'a vue... On ne pouvait pas savoir... J'ai paniqué en ouvrant le journal, à midi, au restaurant... Je ne voulais pas le garder une minute de plus sur moi... Je m'en suis débarrassé à la première occasion...

Cadin grimpa dans le bureau, au premier étage du magasin, décrocha le téléphone, et tomba sur la voix de Mernadez.

droit à une seconde ration de boulettes pour berger allemand. Cadin laissa ouverte à son intention la fenêtre de la salle de séjour et s'allongea. Il s'endormit avec son cahier de brèves entre les mains.

ENTERREMENT POUR 20 000 FŒTUS

Un juge de Los Angeles vient d'autoriser l'enterrement de 20 000 fœtus découverts en janvier dernier dans un conteneur provenant d'un laboratoire médical, mais il a refusé de se prononcer sur la question des funérailles religieuses : « Nous ne savons pas à quelle religion appartenaient les fœtus. D'autre part il n'est pas exclu que certains auraient choisi de devenir athées. »

L'inspecteur fut réveillé le lendemain matin par les hurlements live des Who. Il prit sa chaussure pour frapper au plancher mais ses coups de cuir étaient noyés dans le fracas déchaîné par le frottement de la pointe de diamant sur le vinyle. Il s'habilla et descendit l'escalier en évitant de regarder la porte du rocker. La 205 démarra du premier coup. Cadin s'arrêta à la station du centre commercial et fit poser de nouvelles plaques sur la voiture, adoptant l'immatriculation de la seconde 205 volée : 3426 GP 93. Il relut attentivement la déclaration du propriétaire lésé, transmise par la préfecture, et étudia le chemin le plus direct pour se rendre à l'adresse portée sur le document : 19, allée des Frelons au Raincy.

Il s'agissait en fait d'une petite résidence pavillonnaire en cours d'achèvement qui occupait les terrains d'une ancienne usine de sièges, face aux voies du chemin de fer. Cadin gara la Peugeot derrière une haie de troènes et secoua l'extrémité d'une chaîne qui courait tout au long du jardin, passant sous des cavaliers fichés au sommet de piquets, et reliée à une clochette scellée au-dessus de la porte. Un homme de petite taille apparut sur le seuil et s'avança sur l'allée en terre battue. Il ne tira pas la grille, observant le visiteur.

— Bonjour... Qu'est-ce que vous voulez ?

L'inspecteur fit prendre l'air à son portefeuille et évita de répondre.

— Vous êtes bien M. Alain Gelen ?

— Oui, pourquoi ?

— C'est bien vous qui avez déclaré le vol d'une 205 blanche immatriculée 3426 GP 93 ? Jeudi matin...

L'homme était maintenant sur le trottoir près de Cadin. Il fronça les sourcils et se contenta de hocher la tête. L'inspecteur se dirigea vers la haie de troènes qui dissimulait encore la voiture à leur regard. Alain Gelen lui emboîta le pas. Cadin contourna les arbustes et pointa le doigt vers la carrosserie.

— Je crois que nous l'avons retrouvée... C'est bien elle ?

L'homme s'immobilisa, les yeux écarquillés. Sa main droite agrippa une branche, la tordit.

— Non... C'est impossible.... C'est une erreur...

Cadin sortit le double de la déclaration de vol qu'il détailla à haute voix.

— Tout correspond pourtant, la marque, le modèle, la couleur... Jusqu'aux numéros de plaques...

Il vint se placer devant le capot, prenant Alain Gelen par l'épaule, le forçant à l'accompagner.

— Tout marche parfaitement, les seuls dégâts, c'est devant, le clignotant...

L'homme se dégagea violemment et s'élança vers le garage en fin de construction qui jouxtait le pavillon. Il fit jouer la porte à bascule et contempla le sol, qu'il se mit à marteler du talon. Cadin entra à son tour et remarqua aussitôt les pelles appuyées contre le mur du fond, les traces de terre fraîchement remuée. Il saisit Alain Gelen aux poignets et l'obligea à présenter ses paumes au ciel.

D'énormes cloques gonflaient la peau à la naissance des doigts. Cadin le traîna dans l'appartement où se terraient sa femme et sa fille, une écolière de quinze ans, l'âge d'Elise Coutureau.... Leurs mains présentaient des blessures identiques.

En début d'après-midi les ouvriers d'une entreprise de terrassement employée sur le chantier de la résidence des Frelons creusèrent le sol du garage et exhumèrent la 205. Elle était intacte, protégée par de larges feuilles de plastique, intacte, à part un clignotant brisé auquel il manquait un morceau semblable à celui que renfermait le premier tiroir du bureau de Cadin.

Toulouse
1983

Exécution sommaire

L'inspecteur Cadin enleva sa veste, glissa son index dans la petite boucle que le fabricant avait cousue près de sa marque et rejeta le vêtement sur son épaule. Il traversa le pont Saint-Pierre, les vagues de l'armature métallique renvoyant par ondes la chaleur accumulée, et chercha du regard la voiture blanc et noir. Le vent tourbillonnait sur la place et il suivit des yeux une jeune femme aux longues jambes qui marchait courbée vers une terrasse, les mains plaquées sur sa robe d'été. Il fut pris à son tour dans le remous et la bourrasque l'enveloppa, refroidissant agréablement sa chemise, aux aisselles. La Renault était garée sur le quai, vers la gauche, à la naissance du canal de Brienne, et les portes étaient toutes verrouillées. Le crachotement incompréhensible de la fréquence-radio suintait de la carrosserie disjointe aux caoutchoucs durcis par le soleil. Cadin fouilla ses poches, mécaniquement, alors que l'unique trousseau de clefs alourdissait celles de Lardenne.

— Où est-ce qu'il est encore passé celui-là !

Il traversa la chaussée surchauffée, ses semelles aspirées par l'asphalte ramolli, pour gagner l'ombre des façades puis se mit à faire les cent pas, dans cette rue qu'il ne connaissait pas, en attendant son adjoint. Perdu dans ses pensées il dut faire un écart pour éviter un amoncellement de journaux et de livres de poche qui semblaient couler de l'intérieur d'une boutique minuscule. Il chercha l'origine du déversement et se figea devant le spectacle qui s'étalait sous ses yeux. Une montagne de produits en vrac occupait les quinze mètres carrés de l'échoppe, des paquets de bonbons par centaines, Carambars, roudoudous, sucettes, Malabars, toute la presse de l'année mélangée, le *Libé* du jour corné sur les invendus de *La Dépêche* du mois précédent, des briquets, des formulaires de P.M.U., les taches roses des Harlequin, l'encadré jaune des Série Noire, des boîtes de Tampax, des trompettes en plastique, des lampes de poche, des filtres à café, des revues porno, des cartes de vœux, d'anniversaire, des guides touristiques, comme un glissement de terrain... L'inspecteur essaya de se frayer un chemin sans écraser quoi que ce soit et passa la tête à l'intérieur. C'est alors qu'il se rendit compte qu'un homme l'observait, immobile derrière son comptoir. Sa tête pourtant énorme disparaissait dans le puzzle délirant formé par les emballages. Cadin le salua sans parvenir à soulever les commissures de ses lèvres pour former un sourire poli. Il se demanda à quoi il allait bien pouvoir se raccrocher et se baissait pour prendre ce qui lui tombait sous la main quand la bouche de la statue se mit à remuer.

— Qu'est-ce que vous cherchez ?

Cadin haussa les épaules et se racla la gorge.

— Un paquet de Gitanes blanches et une pochette d'allumettes...

Le gardien du capharnaüm s'agita derrière son comptoir et une pile de boîtes de Zan s'écroula aux pieds de Cadin.

— C'est pourtant facile de voir que ce n'est pas un bureau de tabac : il n'y a pas de carotte sur l'enseigne !

L'inspecteur s'excusa et battit en retraite en se félicitant de l'aubaine : il avait cessé de fumer six mois auparavant. Il revint sur ses pas et contempla les maigres eaux de la Garonne. La sécheresse obligerait bientôt les poissons à apprendre à ramper. Il vit Lardenne, en contrebas, sur la berge du fleuve, penché sur un bac en émail. Il essaya de l'appeler mais le vent contraire dispersait ses paroles vers le pont des Catalans. Cadin rejoignit son adjoint qui était occupé à verser dans un lavabo abandonné l'eau puisée dans la Garonne à l'aide d'une boîte de conserve.

— Qu'est-ce que tu fabriques avec ce lavabo ? Tu as envie de le récupérer... Tu vérifies s'il est encore en état de marche ?

Lardenne se redressa, surpris par la voix de l'inspecteur, et laissa tomber la boîte de cassoulet dont le contenu lui aspergea les chaussures et le bas du pantalon. Il secoua ses mains, pour les assécher, sans un mot. Cadin shoota dans la boîte qui roula en silence sur l'herbe.

— Ça fait une heure que je te cherche là-haut... La bagnole est bouclée avec la liaison qui marche à tout berzingue ! Explique-toi bon Dieu... Tu as donné ta démission ? Tu travailles pour Jacob-Delafon ?

Un pêcheur, sur une barque, les salua au passage. Lardenne reprit un minimum d'assurance.

— Non, inspecteur... Je vous attendais, comme convenu, et puis j'ai vu ce lavabo... Pas plus tard que ce matin mon fils m'en avait parlé alors je suis descendu pour vérifier...

Cadin s'impatienta.

— Comment ça ? Ton fils t'avait parlé du lavabo qui était jeté ici sur le quai ? Qu'est-ce que c'est que cette histoire !

— Non, bien sûr, pas de celui-ci précisément... On lui a dit à l'école que de ce côté du globe, dans les lavabos, l'eau s'écoule de droite à gauche, dans le sens des aiguilles d'une montre, et que de l'autre côté, sous l'équateur, c'était le contraire, le tourbillon va de gauche à droite... Moi, je n'avais jamais pensé à des trucs pareils... Ça me trottait dans la tête, alors quand j'ai vu le lavabo...

Cadin se pinça la cuisse, au travers de sa doublure de pantalon, pour garder son sérieux et s'accroupit près de l'évier qu'il contempla avec circonspection.

— Ça tourne vraiment de droite à gauche ?

— Oui, regardez...

Lardenne courut jusqu'à la boîte de conserve, la remplit d'eau qu'il versa rapidement dans le lavabo.

— Vous voyez, il n'y a aucun doute...

— Non, aucun. Maintenant, pour être vraiment certain que le phénomène s'inverse dans l'autre hémisphère, il ne te reste plus qu'à t'attacher cet évier autour du cou, à te munir d'une grande réserve d'eau et à marcher jusqu'à l'équateur en versant un verre tous les dix kilomètres.... Peut-être même qu'en arrivant sur la ligne, ça ne tourne ni dans un sens ni dans l'autre, que l'eau refuse de s'évacuer... Que les lavabos sont toujours bouchés... Imagine un peu comme ça doit être difficile de vivre dans des endroits pareils et rends-toi compte de la chance qu'on a d'être nés dans un pays où ça s'écoule !

Lardenne piqua du nez et hâta le pas derrière Cadin qui se dirigeait déjà vers les marches. Ils s'installèrent sur les sièges brûlants de la voiture garée en plein soleil et, toutes vitres ouvertes, roulèrent en direction du palais de justice où Cadin devait rencontrer le juge qui instruisait l'affaire de l'assassinat de Bernard Thiraud, et obtenir la commission rogatoire lui permettant de se rendre à Paris pour interroger les proches de la victime. La voix nasillarde de Bourrassol se fit entendre alors qu'ils traversaient la place de la Daurade. L'inspecteur ramassa le micro dont le fil, emmêlé dans la boucle de l'une des ceintures de sécurité, résista, et se pencha pour répondre.

— Ici Cadin, voiture trois. Je vous écoute, Bourrassol... Parlez...

Son doigt libéra le poussoir et l'émetteur se remit à crachoter. Il fronça les sourcils, concentrant son attention.

— Il y a eu du grabuge au Capitole... On vient de m'appeler du cabinet du maire... Je ne trouve personne, ni le préfet ni le commissaire...

Cadin ordonna à Lardenne de remonter la rue Gambetta et appuya de nouveau sur le bouton du micro.

— Quel genre de grabuge ? Du sérieux ?

— J'en ai bien l'impression, inspecteur : ils m'ont demandé de rappliquer discrètement à toute vitesse et ils refusent de nous donner les moindres détails sur la fréquence, ils ont le trac que la conversation ne soit interceptée par les autres zigotos du groupe situationniste... Ils auraient un scanner, d'après ce qu'on dit...

— Très bien, j'y vais... Essayez quand même de joindre le commissaire Matabiau. S'il y a eu des dégâts dans les étages du Capitole, je préférerais que ce soit lui qui colmate les fuites.

Pradis, le maire adjoint à l'information, attendait l'inspecteur sous les colonnes de marbre de l'hôtel de ville. Sa peau avait la teinte de la brique et il épongeait à l'aide d'un mouchoir froissé dans son poing les grosses gouttes de sueur qui roulaient sur son visage. L'horloge marquait presque la demie et les employés municipaux se pressaient vers l'entrée. Pradis s'avança à la hauteur de Cadin et se pencha à la fenêtre.

— Venez vite, inspecteur... Seul. Et demandez à votre chauffeur de ne pas garer sa voiture à proximité... On se poserait des questions...

Ils traversèrent la première cour intérieure, grimpèrent par le petit escalier de service, à gauche, jusqu'au deuxième étage et dépassèrent les bureaux du service information. Pradis stoppa net devant une porte vitrée et reprit son souffle. Il agita une clef dans la serrure sans se départir d'une grimace douloureuse.

— C'est là.

Cadin lut le nom et la qualité gravés sur la plaque normalisée, juste derrière le numéro de l'alvéole :

LOUBRY
conseiller en communication

et poussa la porte dont la base coucha l'épaisse moquette claire. Le type était allongé en travers de la pièce, une jambe repliée sur le pied d'un tabouret renversé et des dizaines de dossiers étaient éparpillés autour de son corps. Un mouchoir lui recouvrait le visage. Son assassin lui avait enfoncé dans la gorge, sous la pomme d'Adam, un coupe-papier dont on ne voyait que l'extrémité, une boucle d'argent grosse comme une pièce de cinq francs, frappée aux armoiries de la ville. Le sang n'avait pas jailli, il avait coulé sur le torse, absorbé par les vêtements. Cadin contourna le bureau et s'assit dans le fauteuil du chef de service après avoir jeté un coup d'œil à l'imposante croix occitane qui marquait le centre de la place du Capitole et qu'il n'avait vue, jusqu'alors, que du haut de son mètre quatre-vingts. Pradis avait fermé la porte à clef et se tenait plaqué contre le tissu mural, les yeux au plafond, incapable de regarder le mort. C'est à peine s'il osait respirer.

— Qui est-ce qui l'a découvert ?

— C'est moi... Je peux vous dire que je m'en serais passé... On avait rendez-vous ensemble à une heure moins le quart sous la voûte. J'avais réservé une table au *Grand Café*...

— Chez Bibi ?

Pradis ébaucha un sourire en constatant que l'inspecteur connaissait le diminutif du patron du restaurant qui servait pratiquement de cantine à la majorité du conseil municipal.

— Oui c'est ça, chez Bibi... Nous devions discuter en détail du sommaire du bulletin municipal de septembre et Loubry m'avait promis de m'amener l'essentiel des articles du numéro de juillet-août. Je les relis toujours avant qu'ils partent à l'imprimerie. A une heure il ne s'était toujours pas montré et je me suis décidé à monter le chercher... La porte était entrouverte. Je suis entré, sans me douter de rien... Il était là, au même endroit... Je n'ai pas eu le courage de lui fermer les yeux... J'ai juste posé un mouchoir pour ne pas le voir quand je téléphonais... J'ai fermé à clef et je vous ai attendu en bas...

— Vous n'avez croisé personne dans les couloirs, quand vous êtes venu le chercher ? Essayez de vous souvenir...

— Non. Tout était vide. Ici dès que c'est l'heure, tout le monde s'en va. A midi une, c'est le désert.

Cadin boucla le bureau et alerta l'identité judiciaire. Pradis posa sa main sur son bras alors qu'il composait le numéro du palais de justice.

— Vous allez les faire tous venir ici ? Ça va produire un effet déplorable... Je n'ai même pas eu le temps de prévenir le maire... Il est en rendez-vous extérieur...

Cadin ne répondit pas et demanda au maire adjoint de lui apporter les articles du *Toulouse-Infos* en cours ainsi que le sommaire du numéro de rentrée. Pradis marqua un temps d'arrêt.

— Vous croyez que ça peut avoir un lien avec son assassinat ?

— Je n'en sais rien... C'est pour ça que je veux y jeter un coup d'œil !

Il lut en diagonale un papier très informé sur la soule, l'ancêtre du rugby, un historique du Stade toulousain agrémenté d'interviews de joueurs et de supporters, un article en anglais signé par un journaliste du *Daily Telegraph* et destiné aux dix mille citoyens anglais vivant autour de Airbus Industrie, et s'arrêta plus longuement sur un court sujet consacré aux chambres de l'*Hôtel du Grand Balcon* dans lesquelles Saint-Exupéry, Mermoz, Breguet et quelques autres as de l'Aéropostale dormaient, au début des années 20, avant de s'envoler pour Dakar.

Chaque mois un appariteur de la mairie amenait une pile de *Toulouse-Infos* au commissariat et la déposait sur le comptoir des mains courantes, mais personne n'y touchait : le maire étalait toutes les deux pages sa tronche de jeune premier finissant, et on avait l'impression, lisant son canard, de prendre un bulletin de vote. Là, sans les illustrations, Cadin trouvait un certain agrément à entendre, dans sa tête, parler de la ville dans laquelle il venait de débarquer. Son attention fut attirée par un feuillet titré :

À PROPOS D'UN FAUX

Le 1er juin dernier, Toulouse-Infos *publiait un écho rapportant que M. Bresou, secrétaire de la Fédération de la Haute-Garonne du Parti socialiste, aurait pris contact par lettre avec l'ambassade du Chili à Paris afin de préparer le terrain à une rencontre secrète entre le premier secrétaire de son parti, M. Lionel Jospin, et un proche du général Pinochet. M. Bresou a fait parvenir la mise au point suivante à M. le Maire :*

« La lettre dont vous faites état est un faux manifeste et l'affaire est actuellement du ressort des tribunaux. En dehors des personnes qui cherchent à me nuire, je m'estime victime du manque de vigilance de vos collaborateurs qui

ont tenu pour possible ce qui était inconcevable, à savoir une rencontre entre Lionel Jospin et Pinochet et que j'aie pu me prêter au rôle d'intermédiaire. Une telle supposition qui va à l'encontre de toute une vie consacrée à la Démocratie, au Socialisme, est injurieuse et je vous demande de publier cette mise au point dans votre prochain numéro.»

Cadin tendit le droit de réponse à Pradis.

— C'est Loubry qui avait laissé passer le faux ?

Pradis saisit la perche et se défaussa de la bourde sur le fonctionnaire assassiné, oubliant que dix minutes plus tôt il se gonflait d'importance, se vantant de lire le moindre articulet avant impression.

— Bien, oui... On ne peut pas tout voir, tout contrôler... Surtout depuis que ces dingues nous envahissent de dépêches truquées, d'invitations bidon, de coups de téléphone piégés... On en est réduits à ne prendre de décisions qu'en réunissant tous les gens impliqués, ça alourdit le travail municipal d'une manière incroyable ! J'y passe deux fois plus de temps qu'avant... Ils s'attaquent même aux vieux, ils ne respectent rien... J'ai une lettre à en-tête du bureau d'aide sociale dans laquelle ils promettent des dentiers neufs aux anciens combattants qui justifient de trois ans en première ligne, toutes guerres confondues ! Il y en a déjà une cinquantaine qui se sont présentés avec leur bout de papier... Et les vieux soldats, pour leur faire comprendre quoi que ce soit, bonjour ! On dirait qu'ils ont des obus fichés dans les oreilles... En plus les trois quarts d'entre eux n'ont même pas besoin de dentier ! Du moment que c'est gratuit, et que c'est la mairie qui paye...

Pradis s'arrêta soudain. La colère qui lui empourprait le visage s'évanouit, vite remplacée par son air habituel de faux jeton.

— Vous me demandez ça, mais vous ne croyez tout de même pas que Bresou pourrait être.... Qu'il aurait quelque chose à voir avec l'assassinat... Il est député... Il ne faut pas l'oublier...

Cadin le rassurait quand l'équipe de l'identité judiciaire au grand complet envahit le couloir. Cadin leur laissa le champ libre et s'apprêtait à quitter le Capitole, ses documents sous le bras, quand l'un des points du sommaire de septembre attira son attention. Il tira Pradis par la manche.

— Vous savez en quoi consistait cette enquête sur la place de Belfort ?

— Non, pas dans le détail... On fait une série sur des quartiers de la ville, un digest de l'historique, de l'architecture, de la vie des personnalités qui y habitent, de ce qui s'y passe... Ça plaît aux gens...

— Peut-être pas à tous ! La place de Belfort, la rue Bayard et les alentours de la gare, je ne dirais pas que c'est le supermarché de la came sur Toulouse, mais en tout cas c'est de l'épicerie prospère... Quand on met son nez dans la poudre, faut pas s'étonner si ça fait éternuer.... C'est Loubry qui se chargeait du travail sur le terrain ?

Pradis sourit pour la première fois depuis leur rencontre.

— Non. Il était directeur du secteur multimédia. Il traçait les grandes lignes du sujet et c'est un rédacteur du service information qui allait au charbon... Il y a les initiales du journaliste pressenti, sur le sommaire, après le titre du papier... Tenez, regardez... Là, pour la place de Belfort, C.-L. M., c'est Claude-Louis Mesprem.

— Vous pouvez aller me le chercher, il doit être arrivé...

— Il ne travaille pas ici, c'est un pigiste. Vous le trouverez certainement à *Radio Pays-Sud*, il y fait pas mal d'émissions...

— *Radio Pays-Sud !* Ils ne sont pas de votre bord pourtant...

— Non, mais ils ont de bons professionnels en face... Dès l'instant où ils prennent un pseudo, ça ne nous gêne pas d'utiliser leurs compétences.

Lardenne s'était garé le long du square, rue Lafayette, et disparaissait presque à la vue, avachi sur le siège, le regard braqué sur les jambes des filles qui passaient, essayant de prendre plus qu'elles ne voulaient donner. Cadin le fit sursauter en cognant sur le toit de la Renault.

— Tu sais où se trouve *Radio Pays-Sud* ?

Le policier se redressa et faufila la voiture en sifflotant, dans la circulation du début d'après-midi. Il s'arrêta à la limite du quartier de la Faourette. Une équipe d'employés communaux s'affairait au jet, au balai, au grattoir sur un mur couvert de graffiti et le sang des lettres rondes de

mon amour et mon mois de préavis

ruisselait sur l'asphalte. Cadin poussa une porte cochère, traversa une cour et pénétra dans ce qui avait dû être un atelier de confection. Des dizaines d'autocollants frappés du logo de la radio, une croix occitane équipée d'un walkman, constellaient les vitres peintes en noir. La pièce ne voyait jamais le soleil, située en renfoncement, dans un angle de l'immeuble. Cadin remit sa veste en frissonnant. Un homme d'une trentaine d'années, mat de peau, le visage à moitié mangé par une barbe très fournie, parlait avec conviction derrière la vitre d'un studio bricolé, les lèvres collées au micro. L'endroit où Cadin se tenait n'était pas équipé de retour et l'inspecteur attendit une dizaine de minutes, sans saisir le moindre mot, en jetant des regards désespérés vers le bocal, avant que l'animateur interrompe son monologue et enclenche une cassette. La porte en s'ouvrant laissa échapper une diatribe de Ferré.

— Qu'est-ce que vous désirez ?

L'homme dépassait Cadin d'une tête et se planta devant une affiche illustrée d'un pigeon, dont le message, incompréhensible pour le commun des mortels, proclamait :

À PARTIR DE LÀ, C'EST TOUT DROIT

— Je cherche à rencontrer Claude-Louis Mesprem...

— C'est moi... Et vous, qui vous envoie ?

— Inspecteur Cadin, Police judiciaire... Vous êtes là depuis longtemps ?

Mesprem pointa le doigt en direction d'un magnétophone posé sur une étagère et qui déroulait minutieusement sa bande.

— Depuis midi... Le mercredi je tiens trois heures d'affilée en direct et la loi nous oblige à tout enregistrer... Je suis arrivé à onze heures, j'ai dû dialoguer avec une quinzaine d'auditeurs et je viens de lancer un live de Ferré qui va faire la soudure avec la prochaine émission... Alors, si vous n'y voyez pas d'inconvénient, je vais boucler la baraque et aller m'en jeter un... Repassez-vous les bandes...

Il fit un pas vers la sortie. Cadin l'agrippa par le col de sa chemise. Il se sentit légèrement ridicule, le bras et les yeux levés vers le journaliste qui s'était figé.

— Lâche-moi tout de suite, tu entends ! Vire tes sales pattes de poulet.

Cadin se hissa discrètement sur la pointe des pieds pour maintenir sa pression.

— Jacques Loubry vient d'être assassiné et je sais que vous travaillez actuellement pour lui sur un sujet chaud.

Mesprem accusa le coup, se voûta et vint s'appuyer contre le mur du studio.

— Je pige pour *Toulouse-Infos*, comme tout le monde... Il n'y a rien de honteux... J'aligne mes six feuillets tous les mois... L'histoire de la manufacture des Tabacs, la diaspora espagnole... Rien de chaud là-dedans... Je ne vois pas ce que vous insinuez...

— J'ai lu le sommaire de septembre. Vos initiales figurent après un projet d'enquête sur la place Belfort. C'est le quartier des dealers et on peut difficilement éviter d'en parler quand on se penche sur le sujet, non ?

Il avait repris son assurance et défia l'inspecteur.

— Pourquoi pas ? Ça change du cassoulet, des violettes confites, des briques en nougat et des cachous Lajaunie... Ecoutez, inspecteur, je me fous de la came de la rue Bayard comme des putes de la gare Matabiau. Relisez mes papiers dans *Toulouse-Infos*, je signe Baytembay, c'est facile à retenir ! Je me contente de parler architecture, urbanisme, de signaler les boutiques intéressantes, les restos, les types un peu hors normes... Rien de plus. Pour ça, on me paye le prix et ensuite, sous mon nom, à visage découvert, je dis ce que je veux dans ce micro, sans rédacteur en chef, sans directeur de conscience.

Cadin observa quelques instants un portrait sérigraphié à l'encre rouge surmonté d'un mot d'ordre noir : VIE SAUVE POUR PUIG ANTICH

— Chacun s'arrange comme il peut... C'est vous qui avez eu l'idée de cette enquête ou bien est-ce Loubry qui vous l'a proposée ?

Le journaliste sortit dans la cour, suivi par Cadin, et verrouilla la porte du studio.

— Je crois que je me suis montré correct, inspecteur, que j'ai fait preuve de bonne volonté... Maintenant si vous voulez que je continue à répondre à vos questions, il va falloir me montrer une commission rogatoire... A force de se faire embarquer, on finit par apprendre ses droits... Si vous n'en avez pas, envoyez-moi une convocation par porteur spécial... Ma fiche est à jour, ils connaissent l'adresse et le code de l'immeuble !

Cadin le laissa rejoindre la voûte puis traversa la cour

à son tour. Un peu plus haut, les pieds sur le trottoir, le tronc penché à l'intérieur de la Renault, Lardenne recevait un message radio. Cadin reconnut la voix de Bourrassol et prit le micro des mains de son adjoint.

— Je vous reçois, Bourrassol. Ici Cadin. Il y a du nouveau ?

— Peut-être... Le dossier Loubry vient d'arriver au bureau. C'est épais comme un Bottin : il faisait de la politique depuis le berceau ! Les R.G. n'ont pas lésiné sur les comptes rendus... Ils ont des oreilles partout...

Le pouce de l'inspecteur écrasa le poussoir, coupant la parole au policier.

— Abrégez, Bourrassol... Tout ça, je le lirai demain dans le journal... Vous avez trouvé quelque chose, oui ou merde !

— Excusez-moi... C'est pas tous les jours qu'on trouve un cadavre au Capitole... Voilà, pas plus tard qu'il y a six mois, en janvier, Loubry a reçu des menaces...

— Des menaces de mort ?

— Non, pas précisément... J'ai la lettre sous les yeux, je vous la lis : *Espèce de salaud, je savais bien qu'un jour je te retrouverais. Je n'ai rien oublié de ce que tu m'as fait, à moi et aux miens. Tu le paieras, d'une manière ou d'une autre, dans ta chair ou dans ton esprit.* Et c'est signé Medhi Haroui. A l'époque les Renseignements généraux avaient procédé à une enquête de routine et laissé ce type en liberté. Ils nous ont passé leur rapport, pour une fois.

— On a son adresse ?

— Plus besoin, le juge d'instruction a ordonné son arrestation. Ils viennent de nous le livrer. Il est dans la cage.

Cadin s'installa au volant et laissa tout juste le temps à Lardenne de prendre place à ses côtés. Il démarra le pied au plancher, imprimant l'empreinte des pneus sur le goudron liquéfié, et pila devant le commissariat sans prendre le temps de garer la voiture qu'il abandonna au milieu de la chaussée. Lardenne glissa d'un siège vers l'autre en pestant, pressé par le klaxon réprobateur d'un camion frigorifique. L'inspecteur ramassa le dossier Loubry sur le bureau de Bourrassol, préleva les pièces concernant les menaces adressées à Loubry, les étudia minutieusement puis demanda au brigadier de lui amener Medhi Haroui. Bourrassol revint en poussant devant lui un homme maigre, d'une quarantaine d'années, vêtu d'un short et d'une chemisette.

— Il faisait la sieste quand ils l'ont chopé...

L'inspecteur fit signe au brigadier de se tenir à l'écart et désigna un siège au suspect.

— Asseyez-vous... C'est bien vous qui avez envoyé cette lettre à Jacques Loubry ?

Le type fronça les sourcils en remarquant le vouvoiement inhabituel. Cela le mit aussitôt sur ses gardes. Il répondit par la provocation.

— Tu le vois bien puisque j'ai écrit mon nom en dessous...

Bourrassol s'était déjà approché pour remettre les choses en place mais Cadin l'arrêta d'un geste.

— En effet, j'ai remarqué et pour être franc ça plaiderait plutôt en votre faveur... Vous pouvez me dire ce que vous faisiez entre midi et une heure ?

— Je dormais et je dormirais encore si ton équipe de sauvages n'était pas venue défoncer la porte de ma chambre à coups de bottes ! Je n'ai pas tué Loubry même si l'envie m'en venait chaque nuit depuis plus de vingt ans... Ce n'est pas pour ça que je vais me mettre à applaudir : je ne me suis jamais réjoui de la mort de personne, même de celle de mon pire ennemi.

— Quelqu'un peut témoigner de votre présence chez vous ce midi ?

Medhi Haroui joignit les mains pour conjurer le destin.

— Non, je n'ai pas l'habitude qu'on me tienne la main avant de m'endormir. J'ai vite passé l'âge... Je travaille de nuit, à Colomiers, chez Dassault. Ma piaule se trouve au fond d'une cour, rue Gentil-Magre. Je pars, je rentre, je repars, et personne ne fait jamais attention à moi... N'importe comment, ça vaut mieux...

L'inspecteur remplit deux gobelets du café préparé par le brigadier et en tendit un à l'homme qu'il interrogeait.

— Servez-vous, Bourrassol... C'est bien dommage pour vous, mais vous ne pouviez pas vous endormir à un plus mauvais moment... Et pourquoi cette lettre de menaces écrite à Loubry ?

L'homme se redressa brusquement et quelques gouttes de café tachèrent sa chemise d'été.

— Ce n'est pas dans votre dossier ?

Cadin encaissa le retour du vouvoiement avec discrétion et feuilleta rapidement les documents.

— Non, il n'y a rien à ce sujet. Ça a l'air de vous étonner...

— Oui, le lendemain du jour où j'ai eu le malheur d'envoyer cette lettre, trois de vos collègues m'ont embarqué à la descente du car, en revenant de l'usine... Je leur ai tout raconté et il y en avait un qui tapait à la machine, aussi vite que je parlais... Demandez son papier et lisez-le.

Il renversa la tête pour boire le café sucré qui noircissait le fond du gobelet.

— Vous ne croyez pas que ce serait plus simple de me le répéter ? On gagnerait du temps...

— Non. Le temps, c'est le temps : ça ne se gagne pas, ça ne se perd pas.

Medhi Haroui refusa de répondre à toutes les questions qui suivirent et Cadin le fit raccompagner en cellule par Bourrassol. Il se rendit directement à la préfecture, rue Fermat et grimpa à l'étage réservé à la direction régionale des Renseignements généraux. Dans le couloir, près du local de la photocopieuse, il croisa l'inspecteur André Deluc dont le nom revenait très fréquemment dans les conversations avec les commerçants du centre-ville dès qu'on parvenait à aborder le sujet tabou entre tous de la corruption. On le surnommait La Cluque à cause de ses lunettes de myope et il s'était spécialisé dans la revente des licences de bar de quatrième catégorie, prélevant de 20 000 à 50 000 francs au passage suivant la situation du troquet. Cadin le coinça près d'un pilier.

— Salut, La Cluque...

L'autre s'immobilisa en entendant son nom des rues et dévisagea l'inspecteur au travers de verres aussi épais qu'un mille-feuille.

— Cadin ? Ça ne va pas de m'appeler comme ça... Qu'est-ce que tu fous là ?

— Tu es au courant pour Loubry ?

— Evidemment. On ne parle de rien d'autre... Il paraît que tu es sur le coup ?

— Je n'y peux rien, ça s'est passé à l'heure du déjeuner et j'étais le seul sur le pont. Il faut absolument que tu me sortes un document que tes copains ont oublié de joindre au dossier Loubry avant de me le transmettre...

La Cluque baissa la voix.

— A quel titre ?

— Au titre du service public, tout simplement... Les gens sont négligents : un papier sans importance s'est égaré entre la préfecture et le commissariat. Il a sûrement glissé du dossier et est tombé sans bruit sur la moquette... Je ne voudrais pas que, pour si peu, un fonctionnaire de ta classe se fasse « licencier» , si tu vois ce que je veux dire...

Il examina l'inspecteur des pieds à la tête, méprisant.

— C'est quoi ton truc ?

— Le procès-verbal d'interrogatoire d'un certain Medhi Haroui en date du 13 ou du 14 janvier de cette année. La piste est sérieuse : il avait envoyé une lettre de menaces à Loubry. J'aimerais savoir pourquoi, avant de l'inculper d'assassinat.

— Je vais voir ce que je peux faire... Je serai dans deux heures au tabac de la rue des Remparts, près du poste de police... J'espère l'avoir, mais je ne te promets rien : avec le bordel que foutent les situs, tout le monde se méfie. Même de son ombre... Dès qu'une porte grince dans un couloir, tu as dix têtes qui sortent des burlingues.

Cadin s'arrêta dans le quartier Saint-Georges et se promena sur l'emplacement de la future place Catalane. Il leva la tête pour observer le mouvement des dizaines de flèches de grues qui balayaient le ciel. Des ouvriers casqués, torse nu, réglaient le déplacement des charges depuis le sol en donnant leurs ordres aux grutiers, par talkie-walkie. Les camions-toupies bariolés faisaient la queue devant l'entrée du chantier entre les deux immenses panneaux qui déclinaient la liste des entreprises présentes sur le site, et les sigles obscurs des organismes financiers, des bureaux d'études intéressés au projet de rénovation : I.N.T.P., S.G.R.F., Socobat, Etouke S.A, B.C.M. de Financement... Il s'approcha d'une mauvaise photo de la maquette du projet, encadrée et clouée sur la palissade blanc et rouge. Des dizaines de petits personnages Lettraset aux allures d'Américains moyens des années 50 se pressaient vers une Fnac en carton.

André Deluc s'assit à ses côtés, dans l'arrière-salle du tabac, alors qu'il raclait à l'aide de sa petite cuillère le dépôt de sucre de son second café. La Cluque lui posa discrètement une enveloppe sur les genoux.

— Je te préviens, c'est une photocopie. J'ai masqué les signatures et les noms des collègues qui se sont chargés du travail. Tu lis et tu jettes. Ça ne sert à rien de garder des bouts de papier de ce genre. N'importe comment, je ne t'ai jamais rien donné.

Le garçon ramassa les tasses vides, effaça les auréoles de café d'un rapide coup de serpillière aux relents de moisi. L'inspecteur des Renseignements généraux attendit qu'il s'éloigne en essuyant ses verres de lunettes à l'aide d'une serviette en papier puis il se leva et se pencha vers Cadin.

— Cette fois-ci tu m'as pris de court, Cadin, mais sois tranquille : je vais me renseigner sérieusement sur ton compte et si je tombe sur quoi que ce soit de puant je te promets que tu te bourreras les narines de boules Quiès jusqu'à la fin de tes jours !

Il sortit en se retournant sur une fille en minijupe, accroupie sur le trottoir, qui choisissait des cartes postales au bas d'un tourniquet. Cadin ouvrit l'enveloppe et déplia le formulaire sur lequel tous les signes d'identification de date, de service, d'agents, se dissimulaient sous un large trait de feutre noir. La fille venait de pivoter et offrait l'intérieur obscur de ses cuisses à son regard. Il reposa le papier sur la table sèche et ferma les yeux en essayant de maîtriser son souffle. Il compta jusqu'à dix avant de les rouvrir sur le tourniquet célibataire et leva le formulaire devant son visage, comme un rideau de papier, de signes, entre le monde et lui. Il lut rapidement les vingt premières lignes qui concernaient l'identité de Medhi Haroui et concentra son attention sur le début de l'interrogatoire.

— *Est-ce que tu reconnais cette lettre ? .... (trait noir) montre la lettre de menaces adressée à Jacques Loubry.*

— Oui, c'est moi qui l'ai envoyée. Ça se voit, non ? J'ai mis mon nom et mon adresse...

— *On a remarqué : ce n'est pas très malin ! Tu sais que les menaces de mort sont punies par la loi, qu'on peut te foutre en taule à cause de ce bout de papier... Tu le savais ?*

— Quelles menaces de mort ? Je n'ai jamais menacé personne !

— Et ça, Haroui : « Tu le paieras d'une manière ou d'une autre, dans ta chair ou dans ton esprit.» Tu appelles ça comment ? Des vœux de bonne année ?

Cadin n'avait pas besoin de faire beaucoup d'efforts pour imaginer les trois inspecteurs des Renseignements généraux disposés en arc de cercle devant le suspect et s'esclaffant à la plaisanterie usée de celui qui menait l'interrogatoire. Le double interligne qui séparait la question de la réponse formulée par Medhi Haroui donnait peut-être aux rires le temps de s'éteindre.

— Je vous répète que ce ne sont pas des menaces : je suis sûr que tous ceux qui font le mal sont punis un jour ou l'autre, dans leur corps ou dans leurs pensées. Je voulais seulement lui rappeler que s'il avait oublié ses mauvaises actions, Dieu, Lui, n'effaçait rien de son souvenir...

— Parce que maintenant tu te prends pour l'émissaire de Dieu !

— Non, mais je sais que rien ne Lui échappe. Jamais. Je l'ai simplement écrit.

— D'accord... On va prendre les choses autrement, sinon on ne s'en sortira pas. Ça fait combien de temps que tu connais Loubry, ici, à Toulouse ?

— Une semaine... Je l'ai vu à la télévision. Le maire faisait un discours pour sa réélection... Loubry était en bas de la tribune et un des journalistes l'a présenté comme l'organisateur de la campagne électorale du maire...

— Tu l'as rencontré, tu as discuté avec lui ?

— Non.

— Qu'est-ce que tu as fait alors... Parle.

— J'ai envoyé ma lettre.

— Il est fou ou quoi ! Tu envoies une lettre de menaces à un type que tu vois pour la première fois de ta vie à la télé.... Comme ça, sans raisons...

— C'était la première fois que je le voyais à Toulouse, mais je le connaissais déjà.

— *Eh bien, fallait le dire plus tôt !*

— Vous m'avez demandé : « à Toulouse » ...

— *D'accord, Haroui, d'accord... On a dit « à Toulouse » ... Alors avant, raconte, c'était où ?*

— A Menchem, dans la Mitidja... C'est là que je suis né. A l'époque le village s'appelait Maison-Dieu et tout appartenait à la famille Loubry, les bêtes, les maisons, les vignes, les champs. On habitait à côté de l'église. Tout le monde à la maison travaillait pour les Loubry, mon père, ma mère, mon frère et mes sœurs...

Le garçon déposa en silence le café que l'inspecteur avait commandé d'un geste, et coinça le ticket sous la soucoupe. Cadin interrompit sa lecture pour éplucher son sucre en songeant à la joie poisseuse des types des R.G. accumulant des données inédites sur le passé d'un des plus proches collaborateurs du maire. Le sucre en plongeant éclaboussa la table.

— *Tu l'as rencontré quand exactement ?*

— Ca, c'est impossible à dire. Je suis né en 1938 et lui quelques années auparavant. Il était là dès le début.

— *Très bien, on a compris... C'est de là-bas que datent les problèmes que tu avais avec lui... Je parie que tu étais du côté des fellagha...*

— Ça n'a rien à voir... Ça s'est passé bien avant...

— *Quand ?*

— En juillet 1954. Il y avait une fête dans la maison des patrons. Les invités étaient venus de tous les villages des environs, certains d'Alger et même quelques-uns de Bou-Saada. Rien que des Français. Il faisait très chaud. Ils buvaient beaucoup. Leurs enfants se promenaient dans les vignes, sur les poneys, pendant que leurs parents installaient le phonographe pour danser sous la véranda. Vers sept heures du soir la fille des gens de Bou-Saada, ils avaient une propriété près de Moulin-Ferrero, est arrivée en pleurs au milieu des danseurs, sa robe déchirée, le visage griffé. J'étais caché derrière les canisses, près des écuries, elle était presque en face de moi... Ils ont fait cercle autour d'elle. Je n'entendais rien mais j'ai su juste après, par la bouche d'un des serviteurs, qu'un garçon du village l'avait fait tomber de son poney et qu'il avait essayé de l'embrasser, de lui arracher sa robe... Le vieux Loubry a immédiatement distribué des fusils à ses invités et les hommes, à moitié ivres, se sont dirigés vers le village. Je me suis mis à courir à travers les jardins pour les prévenir mais je me suis foulé la cheville en butant contre une vieille souche. Quand je suis arrivé en boitillant, tous les habitants du village, au moins cent cinquante personnes, étaient rassemblés sur la place, devant le café Moussi. Les Français ont fait mettre de côté tous les garçons de 14 à 25 ans et la jeune fille est passée devant l'alignement, droite, le visage tourné sur l'épaule, comme un officier le jour de l'inspection. Elle s'est immobilisée devant mon frère, Mohand, et a pointé le doigt : « Monsieur Loubry, c'est lui. » Mohand a crié en arabe que ce n'était pas vrai, qu'elle se trompait... Les hommes se sont approchés, pour le saisir. Il a pris peur.... Il a bousculé deux, trois garçons, les a jetés à terre en reculant, puis il s'est mis à courir vers les premiers rangs de vigne, pour s'enfuir. Le fils Loubry, Jacques, a levé son fusil. Je me suis jeté sur lui, mais trop tard... La décharge a atteint mon frère dans le dos, à hauteur des reins. Il est mort une heure plus tard, comme un chien, sur la place du village, sans soins...

— Il y a obligatoirement eu une enquête... Loubry a dû s'expliquer...

— Une enquête pour la mort d'un Arabe en Algérie, en

1954 ! Il en aurait fallu, des juges... Non. Mes parents ont perdu leur travail, leur maison. Nous sommes venus en métropole et je me suis fait embaucher chez Hispano-Suiza, puis à Sud-Aviation. Après les licenciements de 1978 je suis rentré chez Dassault, ici, à Colomiers... Il a fallu que je regarde la télévision, la semaine dernière, que je tombe sur lui, pratiquement trente ans plus tard, pour comprendre que je n'avais rien oublié de cette journée de juillet 54, rien, ni les boucles d'or de la fillette, ses larmes brillant sur ses joues, ni le soleil, ni l'odeur du sang de mon frère...

Cadin porta la tasse à ses lèvres, fit la grimace en avalant une gorgée de café froid et reposa la tasse pleine. Il se leva. Quand il pénétra dans la salle des inspecteurs, au commissariat central, il trouva Lardenne installé à sa propre place, un écouteur plaqué sur l'oreille gauche, le téléphone écrasant l'autre. Un second combiné, celui de Bourrassol, était posé sur le bureau. Cadin s'approcha sans bruit. Son adjoint rassemblait d'un coup toutes ses notions d'anglais pour tenter de se faire comprendre d'un lointain interlocuteur.

— Moscou Cèn'trol ? Pliz... maille nem iz Lardenne frome Toulouse... Nomebeurre sixe-ouane-sixe-tou-faève-tou-naène-fri...Yès, Frènche police... Ail ouante ze téléfonic cèn'trol of Tokyo... Iz possibol ? Cinq you... Yès, ail ouaite...

Cadin s'appuya à un pilier. Il attendit la jonction avec Tokyo et subit une seconde fois l'anglais phonétique de Lardenne qui espérait être mieux compris de l'opératrice japonaise en s'efforçant à parler du nez.

— Bliz, meille nèm...

Il demanda le standard de San Francisco qu'il obtint presque immédiatement et, de là, New York. Cette fois, s'il déclina comme avant le numéro personnel du bureau de Cadin, le 61 62 52 93, il n'exigea pas d'être mis en relation avec un nouveau standard international.

— Aille ouante ze nomebeurre six-ouane-six-tou-faève-tou-naène-naène, in Toulouse... Frenche caountri... Pliz...

Cadin fronça les sourcils et finissait tout juste de décrypter le numéro de Bourrassol, le 61 62 52 99, quand le téléphone du brigadier se mit à sonner. L'inspecteur donna un coup de rein pour se détacher du pilier et sa main se referma sur le combiné strident. Il porta le récepteur à son oreille et hurla dans l'émetteur.

— Allô, qui est à l'appareil ?

Lardenne, hébété, ferma les yeux en éloignant vivement le téléphone de son crâne. Il prononça faiblement un :

— C'est moi, inspecteur...

que Cadin entendit, comme en écho, trois secondes plus tard dans le téléphone de Bourrassol.

— Comment ça c'est toi ? Je t'ai entendu appeler Moscou, Tokyo, San Francisco, New York... A quoi tu t'amuses exactement ?

Cadin se rendit soudainement compte qu'il parlait à son adjoint qui lui faisait face par l'intermédiaire d'un téléphone. Il raccrocha.

— Alors, je t'écoute !

Lardenne reposa à son tour le combiné sur son support.

— Je voulais seulement vérifier si c'était vrai...

— Si c'était vrai quoi ?

Le policier prit appui sur les accoudoirs du fauteuil et se releva douloureusement.

— Mon fils m'avait dit qu'avec deux téléphones, si on passait de capitale en capitale par le réseau manuel, votre voix faisait le tour de la terre et vous vous entendiez avec un décalage de deux secondes et quatre dixièmes...

Cadin se retint nerveusement au bord du bureau et les

premières phalanges de ses doigts se vidèrent de leur sang.

— Tu veux dire qu'à l'instant je...

Lardenne baissa la tête.

— Oui, inspecteur... Exactement... On se parlait en faisant le tour du monde...

Sans trop savoir pourquoi, Cadin prit le téléphone dans sa main, contempla en silence la multitude de points perçant la bakélite puis raccrocha l'appareil, découragé.

— Je ne sais pas à combien revient ce genre de plaisanterie, Lardenne, mais je peux t'assurer que ton petit tour du monde de deux secondes et quatre dixièmes te sera retenu sur ta paye à la fin du mois. Je m'en occuperai personnellement. Pour le moment, tu me trouves Bourrassol et vous me ramenez le type qui est en cellule.

L'inspecteur s'installa derrière son bureau et, du bout de l'index, fit sauter la bande adresse de *La Dépêche du Midi*. Le journal arrivait à son nom, au commissariat, sans qu'il ait jamais envoyé de formulaire d'abonnement. Il y voyait un remerciement anonyme de la part des localiers qu'il laissait piocher à leur convenance dans les brèves de la main courante. Il déplia le journal et son regard se posa directement, par habitude, sur la colonne de droite des infos régionales.

UN HOMME AU COURANT

Mercredi dernier, rue Pargaminières, un réparateur en vidéo bricolait les caméras de surveillance du bar-tabac Chez Naudy, juché sur un escabeau. Se sentant perdre l'équilibre, il a tenté de se rétablir en s'agrippant de la main droite aux deux fils d'alimentation en 220 volts qu'il venait de dénuder. Le courant lui est passé à travers le corps et s'est frayé une sortie dans le mollet, par un trou de la gros-

seur d'une pièce de 5 francs. Le médecin qui l'a soigné a déclaré que l'homme avait la chance d'être droitier car si le courant était passé par la main gauche et donc le cœur, le malheureux serait mort foudroyé.

Il abaissa son journal en entendant le raclement de gorge de Bourrassol. Les deux policiers encadraient Medhi Haroui, toujours habillé de son short et de sa chemisette, qui tendait ses poignets entravés en direction de l'inspecteur.

— Ils n'ont pas besoin de me mettre les menottes à chaque fois... Je n'ai pas l'intention de m'échapper. Je n'ai rien à voir dans cette histoire...

— Enlevez-lui les bracelets. Asseyez-vous, Medhi Haroui. J'ai eu connaissance du procès-verbal des Renseignements généraux de janvier dernier. Je n'ai pas l'impression que cela vous soit très favorable, au contraire. Si ce que vous disiez à l'époque est vrai, vous aviez une très bonne raison de tuer Loubry : venger la mort de votre frère...

L'Algérien se mit debout, par réflexe, mais Lardenne le repoussa sur sa chaise.

— Ecoutez, si je l'avais fait, je vous le dirais. Je vous jure que j'ai souhaité sa mort des milliers et des milliers de fois. Pas un jour ne s'est écoulé sans que j'y pense... S'il s'était trouvé en face de moi pendant la guerre d'indépendance, je ne lui aurais pas laissé la moindre chance, mais la paix est revenue et ce qui était toléré en ce temps-là, dans la folie des combats, maintenant cela s'appelle des meurtres...

— J'ai bien peur que ce type d'arguments n'ait pas beaucoup d'influence sur le juge d'instruction... Si vous n'êtes pas capable de lui présenter une défense plus convaincante, il faut vous préparer à dormir en prison cette nuit et toutes celles qui vont suivre...

Cadin sortit la photocopie que lui avait remise La Cluque et en relut le dernier paragraphe.

— ... C'est vrai ce que vous racontez là, que Loubry n'a pas été inquiété après la mort de votre frère ? Il n'y a vraiment pas eu d'enquête ?

Medhi Haroui haussa les épaules pour marquer l'évidence.

— Pourquoi croyez-vous que nous nous sommes révoltés ? Par plaisir ? Mohand n'a pas été le premier, ni le dernier à se faire abattre dans le dos... Les colons avaient pratiquement le droit de vie et de mort sur les fellahs, la police c'était *leur* police, la justice, c'était *leur* justice : ils parlaient la même langue...

Depuis quelques instants Bourrassol manifestait des signes d'impatience. Il profita d'une pause de l'Algérien pour intervenir.

— Tu as beau jeu maintenant, mais à l'époque vous ne nous faisiez pas de cadeaux non plus, toi et tes petits copains... Je sais de quoi je parle : j'ai tiré vingt-huit mois dans les djebels...

— On n'avait pas à faire de cadeaux, à personne. Nous étions chez nous, sur notre terre, et vous ne veniez pas spécialement pour y faire du tourisme... Mohand est mort à Menchem le 14 juillet 1954, en milieu d'après-midi, et au même moment, place de la Nation à Paris, la police tirait sur une manifestation algérienne, tuant sept de mes compatriotes... Là non plus il n'y a pas eu d'enquête, ils sont passés à la trappe et personne n'a retenu leurs noms... Faites ce que vous voulez de moi : je n'ai que du mépris pour votre justice, elle s'est déshonorée trop souvent et a trop souvent oublié son déshonneur pour que je lui témoigne la moindre confiance.

Lardenne se jeta sur Medhi Haroui et le prit par le col de sa chemise d'été.

— Tu vas la boucler !

Cadin frappa du plat de la main sur le plateau du bureau et se mit à hurler.

— Lardenne ! Tu le lâches immédiatement et tu sors !

Puis il reprit son calme en se frottant la paume tandis que le policier passait dans le couloir. Il fixa l'Algérien droit dans les yeux.

— Qu'est-ce que vous cherchez à prouver ? J'ignorais complètement ce qu'il s'était passé à Paris en 1954... Ce n'est pas à moi qu'il faut dire tout ça : je ne suis qu'un simple inspecteur de police et je ne vais tout de même pas être comptable de toutes les saloperies commises depuis que les flics existent !

— Et pourquoi pas ? Moi, je me sens responsable de l'histoire de mon peuple, et c'est uniquement pour cette raison que je suis entre vos mains en ce moment... C'est facile de répondre qu'on ne savait pas... On efface les dates et les chiffres du tableau de chasse... Les 40 000 morts de Sétif le 8 mai 1945, les 100 000 de Madagascar en 47, ceux de mai 53 et de juillet 54 à Paris, les 300 cadavres d'Algériens du 17 octobre 1961, les dizaines de patriotes guillotinés à Barberousse et dans toutes les prisons d'Algérie ne vous empêchent pas de dormir. Moi, si. Vous vous souvenez, comme si c'était hier, de la Terreur et des têtes d'aristocrates qui tombaient dans la sciure, il y a deux siècles, mais bien sûr vous ne saviez pas que la guillotine rasait à plein temps, *chez vous*, il y a moins de trente ans ! Liberté, égalité, fraternité... Si seulement on dressait la liste de ceux que l'on a suppliciés dans les colonies, au nom du peuple français... Il y aurait un livre à écrire sur les répressions oubliées, mais c'étaient des crânes frisés, des têtes de bougnoules, des ratons... Ça ne compte pas... Deux poids, deux mesures, jusque dans les fosses communes...

Cadin se leva et s'approcha de la fenêtre. Un type en haillons traversait la rue, probablement pour éviter le planton du commissariat, en poussant une montagne vacillante de sacs plastique sous laquelle brillaient les grilles métalliques d'un caddy de supermarché. Deux chiens pelés étaient attachés aux montants et semblaient tirer l'attelage. L'inspecteur se retourna vers Bourrassol.

— Vous le ramenez en cellule, je crois que j'en ai assez entendu pour aujourd'hui... Essayez de lui trouver une couverture : s'il attrape un rhume, il est foutu de nous accuser de torture...

Lardenne fumait une cigarette en faisant les cent pas dans le couloir. Cadin lui demanda d'aller prendre la voiture au parking.

— On va voir la veuve...

L'inspecteur se plaça sous la caméra de surveillance et déclina son identité dans le micro. Le portier électronique libéra la porte. Cadin dut se frayer un chemin au travers de la petite foule qui envahissait l'entrée et la salle de séjour du vaste appartement en terrasse qu'habitaient les Loubry, non loin de la place Catalane. Une grande femme blonde, habillée de noir, vint à sa rencontre. La robe moulante qu'elle portait semblait être une robe de soirée qu'elle avait passée en apprenant la mort de son mari.

— Vous êtes l'inspecteur Cadin ? Patricia Loubry... Entrez...

Il s'inclina et bafouilla quelques phrases condoléantes qu'elle accueillit d'un battement de paupières. Le chuchotement familial et respectueux s'était atténué et tous les regards étaient tournés vers eux. Elle prit conscience de la curiosité de ses proches et de ce qu'elle avait de gênant pour Cadin. Elle désigna une porte et l'ouvrit pour le faire entrer le premier.

— C'est le bureau de mon mari. Nous serons plus tranquilles ici pour discuter. Vous voulez boire quelque chose ?

— Non, je vous remercie...

Elle s'assit sur l'accoudoir d'un fauteuil et croisa les jambes en tirant très naturellement le tissu sur ses genoux. Cadin reconnut le geste d'une femme habituée à porter la jupe. Elle avait ramené sa chevelure sur le côté et une énorme pince en forme de papillon maintenait ses cheveux en place. Le léger maquillage matinal effaçait quelques rides et seule une auréole inhabituelle de mascara et de fard à paupières témoignait des événements de la journée.

— On ne sait jamais trop de quelle manière commencer, dans ces cas-là...

— Allez directement au but, inspecteur : la mort de Jacques est un coup terrible pour moi et pour tous ceux de sa famille. Mais autant être franche dès le départ, nous ne vivions plus ensemble depuis plusieurs mois. L'annonce de son assassinat m'a assommée mais je ne vais pas pour autant vous jouer le numéro de la veuve éplorée...

Elle se pencha vers le bureau pour prendre une cigarette. Cadin saisit à deux mains le briquet monté sur un socle en forme d'encrier et lui offrit du feu.

— Ça a le mérite de la clarté... Il est rare de rencontrer des gens qui abattent leurs cartes aussi nettement dans de telles circonstances. Vous pouvez me dire pourquoi vous vous êtes séparés et en quels termes ?

Elle leva son visage, les lèvres en avant, en forme de baiser, pour éjecter un mince filet de fumée vers le plafond.

— Oui, ce n'est pas un secret d'Etat. En fait ce n'est pas de lui que je me suis séparée, mais de sa famille... Nous nous sommes mariés il y a cinq ans seulement. J'ai toujours vécu à Toulouse, mes parents tiennent un commerce dans la rue Saint-Rome, la librairie *Les Yeux Ouverts*. Les frères de Jacques possèdent une bonne partie des boutiques de mode de la rue, ils les mettent en gérance. C'est là que nous nous sommes rencontrés... Au début, pendant les fiançailles, c'était le Paradis mais dès que nous nous sommes installés ici, j'ai eu l'impression de devenir membre d'une tribu. La tribu de Maison Dieu..

Cadin se tenait debout, l'épaule appuyée sur les reliures d'une encyclopédie.

— Ça s'appelle Menchem maintenant...

— Peut-être là-bas... Ici c'est un nom tabou... Je me suis très vite sentie de trop, comme une étrangère... Ils ne parlaient que du passé et de l'argent qu'ils avaient perdu en 62, à cause des *bicots*... On aurait dit que les millions qu'ils amassaient grâce aux commerces de la rue Saint-Rome ne les intéressaient pas... Ça n'a jamais compensé le rapatriement qu'ils ont vécu comme la pire des humiliations. Nous n'arrêtions pas de nous disputer et je m'enfermais dans ma chambre dès que mes beaux-parents ou l'un de mes beaux-frères s'annonçaient. La seule manière de sauver notre mariage, c'était de changer de ville, de mettre au moins cinq cents kilomètres entre eux et nous. Malheureusement, entre-temps, Jacques était devenu l'un des principaux collaborateurs du maire et, dans sa vie, cela comptait presque autant que moi. Travail, famille d'un côté... Moi toute seule de l'autre... J'en ai tiré les conclusions et je suis partie sans bruit...

— Seule ?

Elle ne put s'empêcher de sourire mais ses traits retrouvèrent vite leur gravité.

— Oui, seule. Cela vous étonne ? Elle écrasa sa cigarette dans un cendrier posé sur le parquet. Aujourd'hui je vis avec l'un des architectes les plus en vue dans la région, Philippe Graco.

Cadin notait chacun des renseignements fournis par la femme de Loubry sur son calepin, dessinant des flèches noires ou des étoiles dans la marge pour souligner l'importance d'un élément et attirer son attention lorsqu'il rédigerait son rapport. Il fit un signe de tête en direction de la salle de séjour.

— Il est là ?

— Oh non ! Tout le monde faisait comme si Jacques et moi vivions toujours ensemble. J'y mettais aussi du mien en assistant au repas du dimanche dans le rôle de l'épouse soumise... Philippe travaille actuellement sur le projet d'un palais des congrès...

— Très bien, ça doit vous changer de la nostalgie pied-noir et du cours du tissu! Il y a un numéro où je peux le joindre ?

Patricia Loubry griffonna un nom et une série de chiffres au dos d'une carte de visite de son mari et la tendit à Cadin qui la glissa dans son calepin.

— Merci. Vous viviez encore avec votre mari lorsqu'il a reçu cette lettre de menaces, en janvier ?

— Oui, j'étais là, dans ce bureau, lorsqu'il l'a décachetée... Il a paru très troublé et a refusé de m'en parler. J'ai insisté et il a fini par me montrer ce qui était écrit dessus. Cela avait évidemment trait à Maison-Dieu... Il m'a parlé d'un ouvrier agricole que son père avait mis à la porte parce qu'il serrait les jeunes filles blanches de trop près... Vous l'avez arrêté je crois ?

— Oui. Il nie toute responsabilité dans la mort de votre mari. Vous savez s'il avait reçu d'autres menaces, par lettre, par téléphone, dont il n'aurait pas averti la police ?

Elle eut tout juste le temps de répondre par la négative. La porte s'ouvrit et une vieille femme aux cheveux noirs bouclés, le visage outrageusement maquillé se planta devant eux.

— Patricia, ma pauvre chérie... Tu en as encore pour longtemps avec l'inspecteur... Tes parents viennent d'arriver...

Cadin la salua d'un signe de tête.

— Rassurez-vous, madame, nous en avons terminé pour le moment. Je vous la rends...

Il s'approcha de Patricia Loubry.

— ... Pouvez-vous demander à l'inspecteur Lardenne de me rejoindre, il est dans le hall... Je pense que vous ne voyez aucun inconvénient à ce que nous regardions rapidement dans le bureau de votre mari ?

— Non, bien sûr. Vous trouverez les clefs des meubles derrière le gros volume *Toulouse monumental et pittoresque*... Jacques les cachait toujours au même endroit.

Lardenne le rejoignit quelques minutes plus tard et ils commencèrent à fouiller méthodiquement les étagères et les tiroirs. Cadin ouvrit son carnet aux pages centrales et traça un tableau dans les colonnes duquel il nota les divers dossiers trouvés dans le bureau ainsi que leur contenu approximatif. Une grande boîte renfermait la collection complète des discussions du bureau municipal et tout un système d'annotations colorées renvoyait aux délibérations correspondantes du conseil municipal. Loubry commentait certains écarts dans les marges, relevait les noms des conseillers ayant changé de position d'une réunion à l'autre. L'inspecteur souligna l'intitulé du dossier, sur son tableau, et le gratifia d'une étoile noircie. Lardenne feuilletait un classeur rempli de fiches de salaires, de notes de frais, de relevés de comptes, de feuilles d'impôts.

— Ils ne s'emmerdent pas à la mairie ! Vous avez vu les salaires ? Deux briques et demie par mois... Si le maire met sur pied sa police municipale à ce tarif-là, je suis candidat. Pas vous, inspecteur ?

Cadin ne l'écoutait pas. Il venait de mettre la main sur un document qu'il posa grand ouvert sur le bureau. Il s'assit sans détacher une fraction de seconde son regard du texte.

— Nom de Dieu, qu'est-ce que ça peut bien vouloir dire ? Viens voir, Lardenne.

Le policier rangea le classeur et vint s'appuyer au dossier du fauteuil sur lequel s'était assis Cadin. Il se pencha.

— Regarde un peu ce que je viens de trouver... Ce manuscrit bourré de ratures est sans contestation possible de la main de Loubry, on a des tonnes de spécimens de son écriture ici... Ça, c'est le même texte photocomposé par un imprimeur, pour correction avant passage en machine, et ça, c'est un exemplaire du travail effectué...

— Oui et alors ? C'était son travail...

— Lis le texte, je ne te fais pas un cours sur le secrétariat de rédaction !

Lardenne s'éclaircit la voix et se mit à lire à haute voix.

— Parti socialiste, section de Toulouse du CERES. POUR UNE PLUS GRANDE INTELLIGENCE DU DÉBAT ÉLECTORAL. *Les réflexions qui suivent sont publiées sous la seule responsabilité de notre section locale même si elles ont fait l'objet d'un large débat, notamment sous la forme de tables rondes sans exclusives auxquelles ont participé, entre autres : Mmes et MM. Savary, Rocard, Giroud, Jobert, Kanapa, Ellenstein, Delors, Bleustein-Blanchet, LLabrès, Chinaud, Piaget, Peyrefitte, Neuschwander, Attali et Krivine... Il nous faut d'abord dire combien nous semble naïve, archaïque, néfaste et dangereuse la compréhension que peut avoir la droite en général, et l'équipe dirigeant Toulouse en particulier, de l'époque où nous vivons. Le maire s'inquiétait dans un récent tract (dont il a dit qu'il était un faux, mais qui, quand bien même cela serait vrai, n'en reflétait pas moins ses exactes pensées) de la montée d'un mouvement révolutionnaire s'employant, par-delà tous les partis, à saboter l'ordre existant...*

Lardenne se tut et se redressa.

— Il y en a beaucoup comme ça ? Je n'y comprends rien, mais alors rien du tout...

— Quatre pages du même tonneau. Après ils parlent d'un *projet conseilliste d'autogestion généralisée* et critiquent ceux qui veulent sauver la politique en sacrifiant la révolution... Mais ce n'est pas cette bouillie de mots qui m'intéresse... Pour tout te dire, j'aimerais bien savoir pourquoi le conseiller en communication du maire s'amusait, en pleine campagne électorale, à confectionner des faux documents du CERES. Il y a d'autres manières de semer la zizanie dans les rangs du Parti socialiste... Tiens, tu me rassembles tous les documents qui se trouvaient dans le même tiroir et tu les descends dans la voiture. J'ai envie de les étudier de plus près.

L'inspecteur accompagna Lardenne jusqu'à la porte de l'appartement puis il retourna sur ses pas pour prévenir Patricia Loubry de son départ. Elle lui présenta les deux frères de son mari qui lui broyèrent la main chacun son tour en regardant vers l'entrée. Le plus âgé des deux l'apostropha.

— Qu'est-ce qu'il emporte ? Ça vient du bureau de Jacques !

— Toute une série de papiers qui peuvent m'aider à y voir plus clair dans les circonstances de la mort de votre frère...

— C'est légal ?

Cadin fouilla dans ses poches et exhiba la commission rogatoire signée par le juge d'instruction.

— Oui, tout à fait. Ce papier m'y autorise... Nous vous les rendrons dès que nous n'en aurons plus besoin... Excusez-moi.

Il s'installa à l'arrière près du carton que Lardenne avait déposé sur la banquette de la 4L et profita du voyage pour en faire l'inventaire. Il lut en diagonale une collection de tracts situationnistes signés de *L'Internationale pessimiste* dont Loubry s'était visiblement inspiré pour confectionner son texte. Il y retrouva, soulignés au Stabilo-boss, pratiquement tous les concepts émaillant le faux de Loubry : *pour une société sans spectacle, redyna-*

misation des rapports sociaux, autogestion généralisée, fin de la politique... Tout le reste semblait concerner le travail officiel du conseiller à la communication : des bons à tirer de matériel électoral, de bulletins municipaux, des photos de réunions, de réceptions, de meetings. Il prit l'une des brochures vantant les mérites de la liste présentée par le maire et chercha en vain dans la marge de la quatrième de couverture la mention obligatoire du nom de l'imprimeur. Elle était remplacée par le libellé classique *Imprimerie spéciale* qui figurait également au dos du faux tract du CERES. Il posa les deux imprimés sur la plage arrière de la Renault, se mit à genoux sur la banquette et les examina en détail. La comparaison ne laissait aucun doute : même papier, mêmes caractères, même mise en page, même format... Il repéra un défaut, une griffe, à la pointe des A majuscules gras, dans le titrage du faux texte et ouvrit la brochure électorale pour y découvrir une détérioration identique. Il faillit tomber à la renverse quand Lardenne pila, comme à son habitude, devant le commissariat central. Cadin remballa toute sa paperasse, la coinça sous son bras, et se pencha vers son adjoint avant de le quitter.

— Lardenne, je grimpe travailler dans mon bureau. Pendant ce temps-là avec Bourrassol tu fais le tour de toutes les imprimeries de Toulouse, tu m'entends, *toutes*, et vous me ramenez un spécimen de leur production. Un truc bourré de texte si c'est possible. Ne dites pas que vous êtes flics, ce n'est pas la peine, inventez un bobard, n'importe quoi...

— Tout est fermé, inspecteur, il va être sept heures. On s'y mettra demain matin. Vous avez une idée ?

— Une petite... Je ne sais pas si elle va aller bien loin, mais ça vaut la peine de la suivre jusqu'au bout. A demain, Lardenne.

Il s'informa, par téléphone, de l'attitude de Medhi

Haroui puis il grimpa directement au deuxième étage et poussa la porte du local des archives. Le père Lalbarède était encore à sa place, sous la lampe, occupé à reporter au crayon noir ses notes de la journée sur les cartons cornés de son fichier. Il leva la tête en entendant la porte claquer et ajusta ses lunettes en plissant les yeux.

— Ah ! c'est vous Cadin ! Vous avez de la chance, j'allais partir... Je peux vous être utile ?

— Peut-être... Je suis à la recherche d'informations sur ce qu'on appelle les situationnistes, l'Internationale pessimiste... Vous vous souvenez d'avoir vu passer des informations de ce genre entre vos mains ?

Lalbarède se mit debout et avança en traînant les pieds, comme s'il avait des patins, jusqu'aux seconds rayonnages. Il tira un classeur et vint le poser sur sa table de travail, près du fichier.

— C'est tout ce que je possède sur ces zozos... Personne n'a jamais vraiment compris ce qu'ils cherchaient, quels objectifs ils visaient. Un coup ils attaquent le maire en éditant un faux numéro du journal municipal qu'ils arrivent à faire distribuer comme le véritable, une autre fois ils font croire que Mitterrand va recevoir Ceaucescu à l'Elysée, par la suite ils publient un tract délirant signé du Front national avec un bulletin d'adhésion dont l'adresse est celle du MRAP qui doit maintenant posséder les coordonnées d'un bon paquet de lepénistes... Approchez-vous, regardez... Là, ils prenaient le P.C. toulousain d'assaut...

Cadin ouvrit les anneaux du classeur et prit un exemplaire de *Toulouse-Hebdo* qui se présentait comme un supplément du journal de la fédération de Haute-Garonne du Parti communiste, édité à l'occasion du dixième anniversaire de mai 68. Une citation de Louis Aragon surmontait le titre :

Toulouse qui n'est Toulouse qu'arrachant ses pavés

DIX ANS APRÈS, LA VÉRITÉ

Que n'a-t-on pas dit, depuis dix ans, sur notre action et sur celle de nos camarades de la C.G.T. ? En nous imputant l'échec du mouvement, dont nous aurions négocié la liquidation avec les autorités en place, on a été jusqu'à parler de trahison. L'énormité de la calomnie suffit à la ridiculiser.

Qui croira que nous avons trahi quoi que ce soit, alors qu'en cette occasion comme en toute autre, nous avons été scrupuleusement fidèles à notre mission historique de défendre la classe ouvrière : de la défendre envers et contre tout, Y COMPRIS CONTRE ELLE-MÊME.

— A part foutre le bordel dans les rangs des organisations politiques, ça sert à quoi, à qui ?

Lalbarède haussa les épaules en émettant un petit rire chevrotant.

— Un coup au P.S., un coup au R.P.R., un coup au P.C., un coup aux écolos... En fait à personne... C'est devenu plus inquiétant avec le CLODO, leur Comité de libération des ordinateurs... Là ils ne se sont pas contentés de balancer des tracts, la poudre aussi a parlé : une bombe a détruit le centre de traitement informatique de la préfecture de Toulouse, il y a deux ans. Vous n'étiez pas encore arrivé... On a perdu une bonne partie des données concernant le terrorisme basque et pratiquement tout notre fichier sur les groupes gauchistes de la région... On n'a jamais mis la main sur les poseurs de bombes, mais à mon avis c'est parce que l'on n'a pas cherché dans la bonne direction...

— Pourquoi, ce n'était pas eux ?

— On peut se poser la question... La bombe avait également fait sauter le local annexe qui abritait provisoirement les ordinateurs des impôts. Et comme par hasard à ce moment précis les armoires renfermaient tout leur travail sur les commerçants de Toulouse... Rue par rue, boutique par boutique... J'ai toujours pensé que le Cid-Unati n'était pas étranger à ce coup de pétard...

Cadin referma le classeur qu'il avait feuilleté pendant que Lalbarède parlait, et sortit de sa poche la brochure attribuée au CERES.

— On n'avait peut-être pas envie de chercher de ce côté... Je n'ai pas vu ce document. Vous ne l'avez pas eu ?

L'archiviste saisit le tract composé par Loubry en fixant l'inspecteur.

— Non et je suis heureux de le tenir entre mes mains. Il a été diffusé par la poste, en utilisant le fichier du Parti socialiste. Ici, c'est pas comme aux Renseignements généraux, on n'a personne sur la liste... Je peux en faire une photocopie ?

Cadin rentra chez lui en passant par la rue Bayard. Il la remonta au ralenti pour observer les filles en short qui ponctuaient le trottoir et trouva une place le long du canal du Midi, juste avant la gare. Il revint sur ses pas, le souffle court, les bras tremblants, et s'arrêta devant une blonde élancée qui l'accueillit en souriant. Dans la chambre on entendait les manœuvres des trains, le crissement presque humain des aiguillages. Il éteignit la lumière, pour ne pas lire l'indifférence dans ses yeux, et se pressa contre son corps en poussant des plaintes dont il ne savait pas lui-même si elles exprimaient le plaisir ou le désespoir.

Il avala un sandwich, sur le chemin du retour, et dépeça avant de se coucher la pile de journaux qui encombrait l'entrée de son logement de service. Il ne trouva pratiquement rien, à part une brève sobrement titrée :

CADAVRE GARE RAYNAL

Le cadavre entièrement dévêtu d'une femme a été retrouvé sur le ballast, par un mécanicien de la S.N.C.F., *non loin des ateliers de la gare Raynal, le 28 juin à deux heures du matin. Le corps ne portait aucune trace apparente de choc ni de violence ayant pu entraîner la mort. Par contre les enquêteurs s'interrogent sur la raison pour laquelle la victime était entièrement maculée de graisse rouge.*

Cadin se coucha sans penser à écouter les messages qui s'accumulaient sur la cassette du répondeur automatique après le rituel « Vous êtes bien au numéro que vous avez demandé... Parlez après le signal sonore... » et les appels répétés de Lardenne, le lendemain matin, s'imprimèrent en vain sur la bande magnétique. Il se leva vers onze heures, vaguement coupable de l'érection qui tendait son pantalon de pyjama, le crâne brisé par la migraine et se dirigea comme un automate sexué vers la salle de bains. La douche vint à bout de ses ardeurs mais lui laissa la tête en morceaux. Son petit déjeuner se résuma à trois sachets d'Aspégic dont il fit disparaître le goût doucereux en avalant un peu de Nescafé délayé dans l'eau bouillante puisée directement au chauffe-bain.

Au commissariat son bureau croulait sous la première livraison de travaux d'imprimerie ramenés par Lardenne et Bourrassol. Des catalogues d'agences de voyages, des pochettes de disques, des affiches de catch, des papiers d'emballage de boucherie personnalisés, des liasses autocopiantes pour garagistes, une revue porno, une publicité pour un pub anglais de Pibrac, une reproduction des adieux de Jean Calas accompagnée du célèbre « Criez et qu'on crie !» de Voltaire, une luxueuse brochure en couleurs présentant le programme immobilier de la place Catalane, la thèse d'un certain Henri Rondini sur *L'enlu-*

minure toulousaine au XVe siècle ou l'impossible représentation du peuple, ainsi que des dizaines d'imprimés vantant les mérites incomparables de tel restaurant ou de telle boutique de fringues. Cadin prit les documents un à un et les examina, les yeux plissés par la douleur, avec le bruit régulier de son sang dans les tempes. Son esprit s'éclaircit d'un coup, comme par miracle, quand il ouvrit le descriptif du programme immobilier et qu'il vit la griffure à la pointe des six A majuscules du titre de la page deux :

DEMAIN, LA PLACE CATALANE...

Il disposa près de la publicité le faux dossier du CERES écrit par Loubry ainsi que le matériel électoral du maire. Aucun doute n'était permis, les trois imprimés sortaient du même atelier et des mêmes machines. Cadin tourna fébrilement les pages bourrées d'éloges sur le nouveau quartier en cours d'édification et finit par trouver le nom de l'imprimerie. On avait délaissé la clandestine « Imprimerie spéciale » pour travailler à visage découvert : « Currou Frères. » L'entreprise s'était payé un placard d'une demi-page dans la partie jaune de l'annuaire et Cadin nota adresse et téléphone sur son calepin. Il se levait pour partir quand Lardenne et Bourrassol entrèrent, les bras chargés de feuilles colorées, de journaux, d'emballages de confiseries. Il n'eut pas le courage de leur dire qu'il avait déjà trouvé son bonheur, les remercia du travail qu'ils venaient de fournir et posa la seconde livraison sur son bureau.

— Je crois que ça ira avec tout ça... Vous pouvez aller manger, je reste là...

Les deux policiers lui avouèrent qu'ils s'étaient arrêtés chez Fiorakis pour manger un souvlaki et qu'ils descendraient à la cantine en fin de service. Ils s'installèrent près de la porte et se mirent à discuter. Cadin les écoutait en faisant semblant d'étudier leur matériel. Bourrassol se forçait à étouffer sa voix et jetait de temps en temps des regards furtifs en direction de l'inspecteur.

— Je n'ai rien compris à ton histoire de fuseaux horaires... C'est impossible : des gens qui roulent à la même vitesse, sur la même distance mettent exactement le même temps... Sinon c'est que je suis le dernier des bestious et que je n'ai jamais rien compris à rien !

Lardenne se leva pour prendre un saladier chinois en bois verni, vestige probable d'un pot d'anniversaire, qui se remplissait de poussière au-dessus d'un classeur métallique. Il le secoua dans la poubelle puis le renversa sur une chaise. Son doigt traça des lignes imaginaires sur le bord du saladier.

— Là, tout en haut, c'est le pôle et ça, les quartiers d'orange, ce sont les méridiens, les fuseaux horaires... D'accord ?

Bourrassol approuva en silence.

— Bon, tu prends Paris, à cette hauteur, et tu vas chercher une autre ville, à la même hauteur sur un autre méridien. Par exemple Washington. Disons qu'il y a huit heures de décalage entre les deux. Il est minuit à Paris et donc huit heures du matin à Washington. Deux types, un dans chaque ville, décident de grimper jusqu'au pôle. Ils ont exactement le même chemin à parcourir, ils roulent à la même vitesse, ils partent à des heures différentes, et pourtant ils arrivent exactement ensemble, à la même heure au même endroit ! C'est scientifique, c'est vérifié et pourtant, il y a quelque chose qui ne va pas, non?

Bourrassol promena son index sur la surface vernie et tapota le pôle du bout du doigt.

— Oui, j'ai l'impression... Mais s'ils partent à des heures différentes et qu'ils arrivent ensemble, il est quelle heure au pôle ?

Lardenne ouvrit des yeux grands comme des soucoupes.

— C'est peut-être ça le truc : tous les fuseaux se rejoignent... Il est toutes les heures en même temps !

Cadin profita du silence réflexif qui s'était instauré pour quitter la pièce. Il s'arrêta, la main sur la poignée.

— Debout, Lardenne, j'ai besoin de toi... Tu connais l'imprimerie Currou Frères, rue Raymond-Naves ?

— L'imprimerie non, mais la rue oui... C'est vers la route de Castres.

Les bâtiments étaient de construction récente, à part un atelier gris à la façade duquel s'écaillaient les lettres noires d'IMPRIMERIE CURROU. Un bulldozer aplanissait les terrains alentour pour les transformer en parking. Lardenne gara la 4L sur une plaque de bitume qui semblait flotter comme une épave sur la terre bousculée. Cadin entra dans la porte à tambour vitrée qui le propulsa devant un guichet décoré par une jeune femme rousse. Son parfum parvenait à prendre le dessus sur l'odeur de peinture fraîche et de térébenthine. Il posa sa carte sur le comptoir.

— J'aimerais rencontrer le directeur s'il est là...

L'hôtesse prit un téléphone, ses ongles rouges sur le plastique noir, et pianota sur les touches situées dans le corps même du récepteur. Ses lèvres effleurèrent l'appareil.

— Laure ? J'ai devant moi un inspecteur de police qui demande après M. Pierre Currou... Elle se pencha pour lire le nom. L'inspecteur Cadin... Très bien, je lui dis de monter...

Elle accompagna Cadin jusqu'au pied de l'escalier et il fut pris en charge, vingt marches après, par une petite femme énergique, Laure probablement, habillée d'un corsage trop serré qui soulignait les pincements de chair des bretelles de soutien-gorge, et d'une jupe trop longue qui tassait sa silhouette. Elle le fit entrer dans une salle de conférences aux murs recouverts d'affiches produites par la maison. Un homme d'une quarantaine d'années, d'allure sportive, contourna la large table encombrée de dossiers, d'échantillons de papiers et d'encres, pour lui tendre et lui serrer la main de manière énergique.

— Enchanté de faire votre connaissance, inspecteur. Je peux vous être utile ?

Pierre Currou l'invita à s'asseoir et le sourire crispé qu'il affichait démentait « l'enchantement » dont il se targuait. A vrai dire Cadin ne se souvenait pas d'avoir fait un seul heureux en se pointant de manière subite chez un particulier. Il lui tendit par-dessus la table la brochure du programme immobilier de la place Catalane.

— C'est bien chez vous que l'on a réalisé ce travail ?

L'homme la prit et l'ouvrit, machinalement, avant de la rendre à Cadin.

— Oui, il n'y a aucun doute...

— Et ça ? Vous les reconnaissez aussi ?

L'inspecteur sortit de sa poche le matériel électoral du maire ainsi que le faux tract socialiste trouvé chez Jacques Loubry. L'imprimeur les examina pendant quelques secondes en faisant la moue.

— Non... Nous ne nous sommes pas occupés de ce genre de choses. Je regrette mais je crains de ne vous être d'aucune utilité.

Cadin se leva et vint se placer à côté de lui. Il rapprocha les trois documents de façon que les titres comportant des A majuscules se chevauchent.

— Alors regardez là-dedans et expliquez-moi ce mystère !

Il prit le compte-fils et le plaça alternativement sur chacun des A en obligeant Pierre Currou à coller son œil à la loupe.

— Vous voyez, l'usure du caractère est identique. Au

dixième de millimètre près. Il suffira d'analyser le papier et l'encre pour établir définitivement que ces deux imprimés sortent de vos machines. Alors, monsieur Currou, vous avez changé d'avis ?

— Qu'est-ce que vous cherchez à prouver ?

— Rien, simplement que ces documents signés Imprimerie spéciale ont été confectionnés par vos soins.

Pierre Currou toisa Cadin d'un air méprisant et saisit son téléphone.

— Laure ? Pouvez-vous appeler immédiatement M. Monjet au cabinet du préfet et me le passer dans la salle de conférences.

— Je ne travaille pas pour *Que choisir,* et je ne suis pas là pour vérifier la qualité de vos prestations... Je me fous que vos lettres soient bouffées aux mites ! J'enquête sur un meurtre, celui de Jacques Loubry. Ça ne sert à rien d'appeler à la préfecture ou au palais : je ne m'avance pas beaucoup en prédisant que vos amis y regarderont à deux fois avant d'intervenir en votre faveur... Autant vous prévenir que le crime remonte à moins de quarante-huit heures et que j'agis toujours dans le cadre du flagrant délit : je peux vous obliger à me suivre au commissariat... C'est clair ?

Currou annula sa demande et se prit la tête entre les mains pour se masser le front et les yeux. Il cligna des paupières comme s'il venait de pleurer.

— Qu'est-ce que vous attendez de moi ?

— Que vous me présentiez le double des factures de tout ce travail et que vous me disiez quelle était la nature exacte des relations que vous entreteniez avec Jacques Loubry.

Il souffla longuement et emplit ses poumons d'air frais, à la manière d'un plongeur prêt à sauter. Pierre Currou tira un classeur d'une étagère.

— Je ne dispose pas de factures détaillées, je n'ai qu'une facture globale, pour les différentes brochures de présentation de la place Catalane, l'ensemble du matériel électoral du maire et ce tract que nous a fait faire Loubry... La voilà...

Cadin siffla en découvrant la somme hors taxes qui figurait au bas de la facture adressée à la Socobat.

— Huit cent cinquante mille francs ! 85 briques... Vous n'y allez pas avec le dos de la cuillère... Et la Socobat payait sans broncher ? C'est quoi au juste, une boîte de travaux publics ?

— Non, un bureau d'études... Ce sont eux qui coordonnent toute l'opération immobilière. D'après ce que je sais, ils fournissent des études bidon que la mairie leur paye très cher : l'influence du nouveau quartier sur les flux d'achat, sur la circulation, sur l'image de la ville dans sa zone d'attraction... Ce trésor de guerre sert à couvrir tous les besoins du maire en propagande : imprimerie, organisation de meetings, rétribution des permanents. La Socobat intervient dans tous les domaines, elle passe commande pour ses activités propres et rajoute un boulot au noir pour le maire : les entreprises s'arrangent pour le passer sous un autre intitulé... Comme nous... Je ne gagne pas beaucoup plus d'argent que sur mes autres clients.. L'intérêt c'est que les machines tournent à plein et que j'entretiens de meilleures relations avec le Capitole que mes concurrents...

— Si j'en crois ce que j'ai vu, l'agrandissement des ateliers, vous n'y êtes pas de votre poche...Vous avez eu des arrangements de ce type avec d'autres groupes politiques ?

Pierre Currou voulut ranger le classeur mais Cadin plaqua sa main sur le dossier cartonné.

— Non. Quand on court plusieurs lièvres à la fois, il est clair qu'on n'en attrape aucun. Certains ont essayé...

— Qui par exemple ?

L'imprimeur leva les yeux au plafond.

— Je ne me souviens plus de son nom... C'était un

pied-noir comme Loubry et il avait l'air de bien le connaître... Vous n'aurez pas de mal à le retrouver, il se présentait pour le Parti de l'Exigence nationale...

Cadin gardait en mémoire les affiches tricolores géantes proclamant *Lui, il défend les Français d'abord,* placardées au bord de toutes les voies d'accès à Toulouse, les inscriptions à la peinture blanche associant chômage, délinquance et immigration. Il se souvenait également des multiples plaintes d'Africains noirs ou blancs, d'Italiens, de Portugais qui avaient le malheur de prendre le frais quand les supporters du candidat xénophobe envahissaient les rues à la sortie des meetings.

— Vous savez quel imprimeur s'est chargé de réaliser sa campagne ?

— Oui. La boite s'appelle Reval 2000, rue Louis-Plana... Ils vivent à longueur d'année à deux doigts du dépôt de bilan et ne se montrent pas très regardants sur leurs clients...

L'inspecteur eut du mal à ne pas lui rétorquer que le compliment semblait s'adresser à toute la profession. Il se fit faire une photocopie de la facture Socobat que Laure lui remit sous enveloppe et rejoignit Lardenne sur sa minuscule plate-forme d'asphalte.

Pierre Currou était bien informé, son concurrent ne respirait pas la santé. Une seule machine tournait quand ils pénétrèrent dans l'atelier dont le sol encombré de palettes défoncées et de feuilles froissées n'avait pas été balayé depuis des semaines. Le massicotier, un vieil homme en blouse grise aussi aimable que la lame de sa machine, leur indiqua le chemin des bureaux. L'inspecteur cogna à la porte, sous le panneau *Francis Reval*. Le patron buvait une bière à même le goulot et une Gitane maïs en équilibre instable finissait de se consumer au sommet d'un tas de factures. Il les toisa en passant la main sur ses joues mal rasées.

— Je n'ai pas l'impression de vous connaître... Vous êtes envoyés par qui ? Un papetier, un vendeur d'encre, de plaques offset ?

Cadin fit prendre l'air à sa carte.

— C'est bien vous qui avez réalisé le matériel électoral du Parti de l'Exigence nationale pour les dernières municipales ?

Reval maîtrisa un rot et se laissa choir sur sa chaise. Il se mit à fouiller dans les piles de paperasse qui submergeaient son bureau.

— Je ne peux pas dire que ce soit mon principal titre de gloire... Quand Graco m'a confié toute sa campagne électorale, j'ai bien cru que j'étais sorti d'affaire... Il y en avait pour près de trente briques. Je n'ai pas été trop regardant sur ce qu'il écrivait... En fin de compte j'ai bossé comme un dingue pendant deux mois à rouler ses tracts, ses affiches, ses photos, ses professions de foi, ses bulletins de vote sur mes machines. Il a fait moins de deux pour cent des voix et n'a pas décroché le remboursement légal des frais de campagne. Résultat, je n'ai jamais vu l'ombre de la queue du premier fifrelin ! Un chèque en bois et plus rien... C'est lui qui me bouffe ma baraque ! Il devait tout me payer hier, en liquide... Il l'avait promis, juré... Vous l'avez vu ? Moi non plus ! Je l'attends encore. Tenez, voilà un exemple de sa prose...

Cadin se pencha pour prendre un tract barré de tricolore agrémenté de la photo légendée de *Philippe Graco, 43 ans, marié, 2 enfants, architecte, candidat du Parti de l'Exigence nationale pour défendre les Français à Toulouse.*

Il parcourut le recto-verso :

La France et les Français ne sont plus convenablement défendus, le chômage augmente alors que les socialistes et leurs complices refusent de rétablir la peine de mort et libè-

rent des milliers de délinquants à fort pourcentage d'étrangers non expulsés...

L'inspecteur tendit la profession de foi à Lardenne qui la classa dans une chemise et inclina la tête pour voir celle de Reval entre deux montagnes de feuilles et c'est à ce moment seulement qu'il comprit pourquoi le nom du candidat lui était familier. Il feuilleta son calepin et retrouva la carte de Jacques Loubry au dos de laquelle sa veuve, Patricia, avait noté le nom et le téléphone de celui qui partageait ses nuits : Philippe Graco.

— Vous avez bien dit qu'il devait vous régler hier ?

— Oui, en début de semaine je l'avais menacé des tribunaux s'il ne me payait pas dans les quarante-huit heures. On avait rendez-vous hier en fin de journée... Au téléphone il était sûr de lui, le grand jeu... J'ai plus ou moins compris qu'il était sur un gros coup...

Cadin nota l'adresse de Graco. Il quitta l'imprimerie, suivi de Lardenne, après avoir conseillé à Reval de mettre de côté tous les papiers concernant ses relations avec la tête de liste du PEN. Ils firent le plein à la station Total de l'avenue de la Gloire et Cadin s'aperçut au moment de régler qu'il n'avait plus de bons d'essence. Il paya de sa poche sans demander de fiche, sachant d'avance que le pointilleux comptable du commissariat refuserait le remboursement. Philippe Graco habitait un solide immeuble qui se dressait à égale distance du Grand Rond et de la halle aux Grains. La concierge campait devant son interphone. Elle insista pour les annoncer à l'architecte et Cadin lui bloqua la main alors que son doigt allait s'écraser sur la touche correspondant à l'appartement de Graco.

— Lardenne, tu restes là, je n'ai pas envie qu'elle fasse du zèle...

Un ascenseur grillagé le hissa jusqu'au dernier étage. Il sortit son pistolet de son étui, le glissa dans sa poche de veste et sonna à la seule porte qui s'ouvrait sur le vaste palier envahi de plantes vertes. Le plancher grinça. Un homme de grande stature lui ouvrit et Cadin, la main crispée sur la crosse, reconnut le visage qui ornait les tracts tricolores de chez Reval.

— Vous êtes de la police, c'est bien cela ? Je ne vous attendais pas si tôt... Donnez-vous la peine d'entrer.

Cadin déclina son identité et passa dans le salon sans quitter l'architecte des yeux, en pestant intérieurement contre Lardenne qui surveillait l'index d'une concierge !

— C'est vous qui avez tué Loubry, n'est-ce pas... Vous avez essayé de lui extorquer assez d'argent pour calmer l'imprimeur Reval qui menaçait de vous traîner devant les tribunaux...

Philippe Graco haussa les épaules. Un sourire furtif éclaira ses traits.

— Oui. J'étais au courant de toutes leurs magouilles avec le Socobat, leur bureau d'études verreux... Ce sont des centaines de millions qui sont passés par ce canal depuis une dizaine d'années ! Quand je me suis présenté je pensais atteindre la barre des cinq pour cent et négocier une place d'adjoint au second tour, mais le maire, conseillé par Loubry, a ratissé large en me piquant l'essentiel de mon programme... J'ai essayé cent fois de m'entendre avec Loubry mais il y avait d'autres choses qui interféraient...

— Sa femme, Patricia...

Il eut l'air surpris.

— Félicitations, vous n'avez pas perdu votre temps... Hier je suis allé le voir dans son bureau, à l'improviste. Reval ne me laissait plus aucun répit. La conversation a dégénéré, il exigeait que je lui rende Patricia... Il a sorti son carnet de chèques en me disant « Combien ? Combien ? » ... Ça m'a rendu comme fou... J'ai pris la première chose qui me tombait sous la main, un coupe-papier, et je le lui ai enfoncé dans la gorge, pour le faire taire...

Cadin sortit son pistolet de sa poche et le braqua sur Graco. De son autre main il décrocha les menottes passées à sa ceinture. L'architecte s'immobilisa, le regard rivé au canon brillant.

— Qu'est-ce que vous faites ?

— Je vous arrête pour le meurtre de Jacques Loubry. Tendez-moi vos poignets, sans faire de geste brusque.

Philippe Graco s'avança vers lui en parlant, sans quitter l'arme des yeux.

— Vous n'avez pas tout compris, inspecteur... Je possède assez de preuves et d'informations pour faire sauter le dernier étage du Capitole et la moitié des états-majors des partis politiques de la région. Ils sont tous venus manger à la soupe... Il y a un téléphone à votre droite, demandez conseil à vos supérieurs... Je les connais bien, ils seront de mon avis... Vous avez un type sous les verrous, ce Medhi Haroui... Pourquoi chercher midi à quatorze heures ?

Cadin recula vers l'entrée pour maintenir la distance entre l'architecte et lui-même.

— Je vous ordonne de vous arrêter et de tendre vos mains, sinon je me verrai dans l'obligation de tirer.

Philippe Graco éclata de rire et lança une jambe en avant. L'index de Cadin blanchit sur la détente. La toile du pantalon de Graco explosa à hauteur du genou gauche et la déchirure se colora de rouge. Il s'effondra en poussant un cri de bête fauve.

Il était un peu plus de quatre heures de l'après-midi quand Cadin ouvrit la porte de la cellule où Medhi Haroui croupissait depuis plus de vingt-quatre heures.

— Je suis désolé... Excusez-nous, on ne pouvait pas savoir...

L'Algérien rajusta son short et tira sur sa chemisette pour la défroisser. Il regarda Cadin droit dans les yeux.

— C'est tout ce que vous avez appris en trente ans... A dire pardon...

Toulon

1986

Un privé à la dérive

Mercredi 2 août 1986

Cadin ne parvenait pas à fixer son attention sur son travail. L'orage tournait au-dessus de la ville sans se décider à éclater. Seule la pièce du fond, celle qui donnait sur la cour, gardait un peu de la fraîcheur du matin et c'est là qu'il s'était installé, incapable de se concentrer sur les notes étalées devant lui. Des odeurs de poisson frit, de steak grillé envahissaient la chambre, accompagnées de cris, de pleurs d'enfants. Il tendit la main vers la bouteille de wiskhy et but une longue gorgée, au goulot. Ses dossiers étaient dispersés sur le lit d'enfant et une vieille machine à écrire mécanique posée sur le bureau d'écolier attendait de pincer une feuille entre ses rouleaux noircis. Le téléphone se mit à sonner alors que Cadin, torse nu, venait de rassembler assez de courage pour reprendre la paperasse proliférante et raturée en quoi consistait sa dernière enquête. Il attendit une dizaine de sonneries, pensant qu'on allait se décourager, mais il lui fallut retourner dans la salle commune pour mettre fin à l'appel lancinant. La voix du patron de l'agence, comme clandestine, se fraya un chemin dans les goudrons, la nicotine... Il s'excusa. C'était sa façon de donner un ordre.

— Je sais que tu es sur autre chose, mais je n'ai personne sous la main. Tu laisses ton rapport de côté, ça peut attendre une semaine, et tu files résidence des Tamaris, au 12. Il y a de la monnaie à la clef.

Cadin nota sur un Post-it l'adresse, le téléphone et le nom qu'il lui épelait. Il le détacha du bloc et se le plaqua sur le front en faisant claquer sa paume sur son crâne. Il s'habilla, remplit en maîtrisant le tremblement de ses mains le flasque d'alcool qui, toute la journée, chauffait contre son cœur, et descendit l'escalier. Dans la cour des gosses jouaient au dealer en se repassant des papiers de bonbons remplis de farine. Il marcha lentement en s'obligeant à garder la tête haute jusqu'à sa voiture, à trois blocs de là. Personne ne s'étonna de le voir traverser les rues le crâne décoré d'un carré de papier jaune autocollant. Ici le soleil vous apprend à vivre les yeux baissés.

Il n'avait qu'une centaine de kilomètres à couvrir, par l'autoroute, pour rejoindre Sainte-Maxime, trois quarts d'heure en temps normal, mais des caravanes poussives, des breaks surchargés engorgeaient les deux voies. Sur *Var-Info* le speaker se contentait de comptabiliser les kilomètres d'embouteillage. Cadin ne put s'empêcher d'engueuler l'autoradio.

— Espèce de taré ! Donne-nous plutôt un itinéraire de dégagement !

Il avait beau jouer du klaxon à deux tons et de l'appel de phares, l'aiguille du compte-tours déprimait dans le vert. En désespoir de cause il piqua sur une nationale, au premier échangeur, et rejoignit la petite ville par les routes secondaires. C'était le moment qui lui plaisait le moins : la première rencontre... Quand il était flic, les choses étaient simples, il ne se pointait que lorsque les événements le commandaient. Là il fallait répondre à la demande, tirer les vers du nez de celui, ou celle, qui lançait l'enquête, lui faire confiance et tracer la route pour justifier le chèque encaissé par le patron.

Le client devait l'attendre devant son écran de contrôle, car il s'était à peine garé face à l'entrée de la propriété, au 12 de la résidence des Tamaris, que la grille coulissa en silence dans ses rails huilés. La caméra de surveillance, protégée par son boîtier de plexiglas antichoc, zoomait pendant ce temps sur la plaque minéralogique de la Peugeot puis sur le visage de Cadin. Il enclencha la première et démarra brusquement, laissant derrière lui la plaque de cuivre qui annonçaient *Bernard Eylderet.* Les pneus crissèrent sur les graviers ordonnés de l'allée du parc. Il suivit le chemin bordé d'une double rangée d'eucalyptus et contourna une piscine. Un grand type au visage grave l'attendait au bas des marches, devant une imposante demeure familiale. Cadin claqua la portière de sa voiture et tendit la main. Dans le vide. Le maître des lieux se contenta d'un signe de tête et l'entraîna sans prononcer le moindre mot dans une pièce refuge, tout au fond du couloir central, une bibliothèque. Il s'installa derrière un bureau sombre comme un prêtre dans son confessionnal. Cadin avança avec précaution, patinant dans une moquette tellement épaisse que si, venant avec des chaussures trop neuves, il vous prenait l'envie de les quitter, vous risquiez de ne plus les retrouver et de repartir pieds nus ! Il observa son client. Tout chez lui disait la réussite et il tentait encore, à cet instant, de donner le change. Par la seule présence de Cadin, pourtant, il avouait son désastre. L'ancien inspecteur eut la bonté de jouer le jeu, quémandant le droit de s'asseoir sur le coin d'un canapé au cuir naturellement craquelé.

Certains s'effondraient en cinq minutes et leurs larmes tièdes s'écrasaient sur la marqueterie accompagnées d'un minuscule bruit obscène. Ils effaçaient les traces humides d'un mouvement las, de la manche. Lui non. En quelques phrases, le regard fixe, il résuma sa vie professionnelle, son mariage, ses enfants et ce qui, à ses yeux, justifiait le recours aux services d'un détective privé : ses problèmes. Le plus difficile fut évacué comme en incidente.

— Voilà, vous n'ignorez plus rien de ma vie. En clair, ma femme est partie depuis deux jours. Je vous demande de la retrouver et de la ramener ici.

Il remit à Cadin une série de photos, répondit à une vingtaine de questions concernant les habitudes de sa femme, ses goûts, les lieux qu'elle affectionnait particulièrement, le réseau de ses amis puis il le raccompagna jusqu'au perron. Il s'arrêta, dominant son domaine, et enveloppa d'un geste large et ralenti le parc, la piscine, les tennis.

— Je ne comprends pas, elle avait tout pour être heureuse...

Sur la route, en longeant la mer il croisa un groupe de cinq ou six mômes nus, à part leurs biceps entourés de mini-bouées en plastique rouge, qui revenaient de la plage en chantant une berceuse hollandaise.

Jeudi 3 août 1986

Cadin partit de bonne heure par la route côtière. Il n'y avait pas le moindre souffle de vent et les odeurs d'hydrocarbures, d'essence stagnaient à hauteur d'homme. Un pétrolier quittait le golfe de Fos en faisant mugir ses sirènes. Pas une mouette ne criait dans son sillage. Toutes les informations dont Cadin disposait étaient rassemblées dans une pochette posée sur le siège passager, avec une carte I.G.N de la région. Une escadrille de Mirage de la base d'Istres fit trembler le ciel de la Crau alors qu'il dépassait Salin-de-Giraud. Le premier point de chute était entouré de rouge, un cordon dunaire, près de la Digue à la Mer. Il roula le long des pieux de bois fichés dans le sable, contourna les plaques de salants qui brillaient au soleil. Le village se trouvait à l'abri d'une forêt chétive, une succession de bungalows, de caravanes échouées, de cabanons, d'abris, sur lesquels s'abattaient les ombres manichéennes des éoliennes. Pas de rues, de la terre battue, du sable, des ornières. Des trottoirs provisoires, quelques briques en limite, quelques planches. Il laissa sa voiture devant une épicerie-buvette et arpenta les voies définitivement provisoires du réseau, croisant une multitude d'hommes et de femmes âgés, short et casquette, armés de boules de pétanque. Près de la plage un dalmatien endormi au pied du drapeau français se dressa à son approche, les crocs menaçants. Tout autour, l'indifférence. Il se dirigea vers deux gamines à la poitrine naissante qui retenaient leur souffle, immobiles, devant un polaroïd à déclenchement retardé calé entre deux pierres, sur une serviette de bain. En s'éjectant la photo accrocha le sol, se courba, renversant l'appareil. Cadin se baissa pour le ramasser. Il prit également le cliché et y jeta un coup d'œil avant de le tendre à l'une des deux jeunes filles. Les bleus du ciel, des slips de bain, du parasol montaient déjà en se différenciant. Cadin sortit de la poche de son veston le portrait de la femme qu'il recherchait. Elles ne la connaissaient pas. Il s'épuisa à marcher dans le sable, toute la journée, en accumulant les réponses évasives, les souvenirs vagues, les confusions, les ignorances et finit par retrouver sa trace, tard le soir, près d'un village de toile qui abritait une concentration de jeux vidéo, de flippers, de juke-boxes. Une fille qui vendait de la barbe à papa, de nuit, se souvenait l'avoir rencontrée, deux jours plus tôt, près du cabanon n° 35. Il était facile à dénicher : une silhouette publicitaire guillotinée, exhibant un énorme cornet à glace, était plantée à l'angle de la rue. Cadin s'y précipita alertant les chiens enclos. La dame s'était envolée et il récupéra, en posant quelques billets sur sa table de camping, une moitié d'adresse, en Ardèche, auprès d'un voisin sans scrupule.

Il s'allongea sur la plage et observa le ciel, se forçant à ne pas cligner des yeux pour ne pas louper d'étoiles filantes. Il suivit la trajectoire saccadée d'un satellite puis se mit à dicter son rapport journalier, les lèvres collées au magnéto miniature. Les torchères du terminal pétrolier illuminaient la mer, projetant des ombres inquiétantes sur le sable. Tout en continuant de parler près du micro, Cadin se releva et se dirigea vers le rivage. Il buta sur un couple enlacé, invisible, qui se défit. L'homme se retourna pour éviter de voir l'intrus tandis que la jeune femme, à demi nue, rejetait ses cheveux en arrière et lui adressait un regard d'une douceur telle qu'il comprit qu'il ne lui était pas destiné.

Vendredi 4 août 1986

Cadin reprit la route en milieu de matinée après quelques heures de sommeil morcelé dans un motel aussi bien insonorisé qu'une piste de danse. Le couple qui occupait la chambre contiguë lui apprit, entre deux râles de plaisir, quelques expressions amoureuses dont il n'aurait jamais soupçonné l'existence. A hauteur de Salon-de-Provence il ramassa deux légionnaires qui levaient le pouce devant un mur percé comme par le passage d'un obus. Des santons en uniforme près d'une crèche explosive... Ils s'installèrent alors qu'*Europe* diffusait les Rita Mitsouko. Le premier, le torse bardé de barrettes, traînait derrière lui tout un empire défait. Chacune de ses rides, chacune de ses cicatrices symbolisait une ligne abandonnée, un front enfoncé. Il s'intéressait aux performances de la voiture, aux caractéristiques du moteur. Cadin lui montra le manuel d'entretien. L'autre, tout jeune, ne disait rien, il se contentait d'accompagner Catherine Ringer en tapotant du bout de ses doigts le rythme d'*Andy* sur le képi blanc qu'il tenait coincé entre ses cuisses. Cadin les débarqua un peu avant les pots de yaourt renversés de Pierrelatte et tourna un bout de temps dans les collines avant de tomber sur l'ancienne communauté dont une moitié d'adresse lui faisait défaut.

Les parents qui avaient sûrement connu les débuts de Dylan lui offrirent, en cliquetant de tous leurs bijoux artisanaux, le pain, le fromage et le vin du terroir, tandis que, dans les vignes chargées, leurs deux filles offraient leur torse nu au soleil. Le nuage de vapeur dispensé par la centrale adoucissait la lumière.

L'homme s'adossa à la cheminée massive tandis que sa compagne s'asseyait sur le banc de monastère, les coudes plantés sur la table. La fugueuse de Sainte-Maxime était passée seule, deux jours plus tôt, et remontait vers le nord en replaçant ses pas dans les marques de sa vie. C'est tout ce qu'ils savaient. Cadin insista mais n'obtint rien de plus. Il les quitta et replaça le capot de la voiture en direction du fleuve. Au sortir d'un virage un mannequin de celluloïd s'ennuyait ferme près d'une exposition de matériel de plage. Il pointa, sur la carte, la maison natale des Eylderet. La mère du client, une très vieille femme au visage ironique qui mesurait gestes et paroles, le reçut dans sa propriété lyonnaise, théâtre d'un 14-Juillet inversé. Des enfants perruqués, jabots et dentelle, escarpins et bas de soie, s'amusaient sur la pelouse. Des ducs et des baronnes de comédie devisaient, une coupe à la main. Un carnaval pour retenir le temps. Soudain un groupe de cavaliers aux uniformes écarlates surgit de la forêt, et tout ce monde poudré se précipita vers eux dans les cris et les rires.

Elle se pencha vers Cadin, en confidente.

— Cela devait arriver...

Cadin, tout au spectacle, n'osa lui demander si elle évoquait le martyre de son roi ou si elle parlait de sa bru. Elle leva l'ambiguïté en laissant tomber, définitive.

— Ils n'étaient pas du même monde.

Samedi 5 août 1986

Cadin enregistra sa cassette quotidienne en roulant vers Paris. Il profita d'une vidange impérative dans une station morvandelle pour rassembler ses fiches d'essence, ses notes d'hôtel, de restaurant et refaire le plein de son flasque. Il évita la capitale en prenant une rocade, une A quelque chose, qui la contournait par l'est. Des familles s'essayaient aux vacances sur les berges artificielles du lac de Créteil. Ça se mitraillait à l'instamatic, pose planche à voile, plongeon, château de sable... une indigestion de clichés, comme un réveillon photographique : accumuler les preuves du bonheur en quelques jours, avant de retourner, onze mois d'affilée, dans le monde sans négatifs des bureaux, des ateliers.

Bernard Eylderet se souvenait vaguement d'une cité où sa femme avait une amie, à Rosny-sous-Bois, et avait dessiné un plan sommaire sur son papier à en-tête gaufré. Le nom de famille approximatif qui flottait dans sa mémoire, Nitram, avait disparu des minuscules fenêtres des boîtes aux lettres. Cadin essaya de forcer la chance en sonnant chez le gardien. Un homme en T-shirt échancré, les biceps tatoués à l'effigie du King, souleva le rideau froncé rouge qui masquait l'hygiaphone. En abîme Elvis déhanchait sa silhouette alourdie sur l'écran bleui du téléviseur. Cadin éleva la voix pour couvrir celle du crooner, poussée au maximum. La conversation se fraya un chemin entre les couplets de *Jailhouse Rock* et de *Return to Sender*.

Il comprit qu'il s'était tout simplement trompé de cité mais que cela ne l'avançait guère de le savoir : les bâtiments qu'il cherchait n'existaient plus depuis six mois. Un vide, de l'autre côté de la nationale. La boule et les pioches des démolisseurs avaient eu raison des murs en préfabriqué d'urgence. Sur le terrain maintenant vague, le tracé des pièces imitait une marelle géante. Ciel, enfer... Les fils d'or d'un tissu berbère mêlé à la terre persistaient à refléter l'éclat des phares. Il se renversa sur son siège et but un peu du mauvais alcool acheté sur l'autoroute en se demandant à quelle case en était la femme qu'il recherchait.

Soudain dix voitures s'arrêtèrent à l'entrée de la cité en faisant hurler leurs klaxons. Une mariée rayonnante descendit de la voiture de tête et, nuage blanc dans la nuit, se mit à courir en riant vers les bâtiments, bientôt poursuivie par le reste de la noce. Une demi-douzaine de jeunes femmes aux lèvres lumineuses la saluaient de leurs youyous. Cadin observa un moment leurs ombres démultipliées qui dansaient sur la façade puis tourna la clef dans le Neiman.

Il disposait encore de quelques pistes, un cousin à Nanterre avec lequel elle entretenait une correspondance bisannuelle, un peintre aussi dont elle suivait le travail au gré des expositions. Il prit une chambre anonyme dans un hôtel miroir de la porte de Bagnolet. Ses fenêtres dominaient l'échangeur. De temps en temps, sur le périphérique, les éclats froids d'un gyrophare d'ambulance perturbaient le défilé monotone des feux de croisement. Il trouva juste assez de courage, les yeux braqués sur une série mal doublée, d'enregistrer son compte rendu magnétique. Ses paupières prirent la télécommande de vitesse.

Dimanche 6 août 1986

Le lendemain matin, il fila vers Nanterre par une succession d'autoroutes dégagées, traversant des banlieues en recomposition, alternance de friches et d'entrepôts, de programmes immobiliers et de centres commerciaux. Le cousin de la fugueuse habitait une tour circulaire, fenêtres-hublots, tenue de camouflage, derrière la Défense. La sonnette semblait être débranchée. Cadin cogna plusieurs fois à la porte blindée, à se flinguer les articulations, sans susciter la moindre réaction. Il tournait les talons et s'apprêtait à reprendre l'ascenseur quand une vieille femme, un arrosoir à la main, une boîte de pâtée pour animaux coincée sous le bras, introduisit une clef dans la serrure. Elle eut un mouvement de peur à son approche et se réfugia rapidement dans l'appartement. Cadin parvint à se composer un sourire et tira quelques bribes d'informations de la voisine retranchée dans l'entrée et protégée par la chaîne de sûreté. Le locataire était en vacances, un camp de camping entre Nice et Antibes... Il eut le temps d'apercevoir, avant que la porte ne se referme, un chat blanc à la queue noire qui se frottait au pied d'une chaise, et une collection de coupes sportives alignées sur un napperon au-dessus d'un téléviseur.

Le peintre dont le travail avait séduit la femme d'Eylderet profitait des beaux jours pour s'échapper du cadre restreint de son atelier. Juché sur un tabouret, devant une toile immense, il peignait des statues de pierre, des angelots, au creux d'une boucle de la Seine désertée par les péniches, à moins d'un kilomètre du restaurant

Fournaise, refuge des impressionnistes. A cinq cents mètres, derrière le rideau de feuillages, des bulldozers nettoyaient l'île de ses vestiges de guinguettes, de jardins ouvriers, et préparaient l'aménagement d'un port de plaisance. Cadin le regarda qui rosissait les fesses d'un ange avant de s'approcher. Le peintre descendit de son perchoir, posa ses brosses, s'essuya les mains. Il répondit aux questions de Cadin sans quitter une seconde son travail des yeux.

— Vous l'avez manquée de peu : elle est passée hier, en coup de vent, pour me commander un portrait...

Il ne savait rien de ses projets, rien de sa vie. Elle s'intéressait depuis une bonne dizaine d'années à ses toiles et ne manquait pour rien au monde un accrochage ou la première d'un spectacle dont il avait dessiné le décor. Leur conversation se limitait à cela, la peinture et la scénographie. La veille ils avaient longuement parlé du *Faust* auquel il songeait sans cesse et qu'aucun opéra ne lui demandait.

Cadin le quitta et retourna à sa voiture, sur le parking du centre E.D.F., la tête pleine des souvenirs des coulisses du palais Garnier qu'il avait arpentées, bien des années plus tôt, quand il était encore étudiant, pour le compte d'une boîte de surveillance-sécurité... les cavalcades dans les sous-sols, les figurantes aux traits creusés se donnant du courage avant de repartir au front, les pompiers stoïques au milieu des corps dénudés, les machinos accrochés à leurs tas de bois peints, à leurs mâts, pourchassant les objectifs des photographes, les soirs de premières, non de peur qu'on ne leur vole leur image, mais que l'on ne montre la fatigue, l'usure, l'envers du décor...

Un rôdeur avait mis son absence à profit pour éclater le déflecteur droit et prélever l'autoradio qu'il s'acharnait à laisser en place dans son boîtier antivol, pour conjurer le sort. Il balaya les éclats de verre avant de mettre le cap sur Lille, la ville natale de la femme d'Eylderet. Le vent s'engouffrait par la vitre brisée et sifflait de manière insupportable dès que l'aiguille du compteur approchait du chiffre 100. A Senlis un pompiste prévenant scotcha un triangle de plastique orange à la place du carreau, et Cadin put continuer sa route sans se passer de la quatrième. Il avala un hotdog infâme, dans un relais routier au fronton duquel ne se lisaient que les lettres tricolores de NATIONAL, celles de LOTO dissimulées par un arbre, et dormit sur un parking, entre deux poids lourds néerlandais, face à un panneau vantant les ressources touristiques de l'ancien pays minier.

Lundi 7 août 1986

Au réveil, dans un réflexe professionnel qui le surprit lui-même, Cadin tendit la main vers le vide-poches, à la recherche du magnétophone dont, hélas, son voleur ne lui avait pas fait cadeau. Il se rinça la bouche au wiskhy et, penché sur le siège passager, rédigea le plan de son compte rendu sur une feuille de carnet. Il se décida ensuite à téléphoner au patron de l'agence depuis la cabine du relais autoroutier qui enjambait les voies.

— Qu'est-ce que tu fous depuis deux jours ! Impossible d'avoir de tes nouvelles... Tu sais pourtant que je veux qu'on me téléphone tous les soirs !

Cadin laissa passer l'orage en éloignant le combiné de son oreille.

— Je serai à Lille d'ici une heure... Je crois que je vais la trouver au chaud chez ses parents...

— Je peux te dire que non, Cadin ! Elle vient de faire sa réapparition dans la propriété de Sainte-Maxime. Le client veut te voir personnellement, le plus tôt sera le mieux... J'aurais bien envoyé quelqu'un d'autre mais il n'a pas envie de montrer sa tête à tout le monde... Alors tu remontes direct, le pied au plancher... Il paye en liquide, il est atteint du syndrome *Canard enchaîné* et a le trac que son chèque pour l'agence n'atterrisse entre les mains d'un informateur infiltré dans sa banque...

Mardi 8 août 1986

La tête de la caméra s'inclina et la grille coulissa sans bruit. Un domestique ratissait le gravier et il leva les yeux au ciel, pressentant l'orage, lorsque la voiture de Cadin emprunta l'allée. Il roula au pas jusqu'au perron. Il eut droit, cette fois, à la salle commune. Bernard Eylderet compta les billets de cinq cents francs, en rajouta quelques-uns pour l'autoradio et le magnétophone. Des éclairs de chaleur électrisaient les couleurs des arbres, des murs. Elle arriva alors que Cadin réitérait ses promesses de discrétion et lui sourit. Deux plis parallèles aux commissures des lèvres... un sourire comme une défaite.

Cadin empocha l'argent en se disant qu'entre eux deux et l'agence, ça ne faisait que commencer.

A peine était-il sorti que la pluie inonda le paysage. Il roula, à l'aveugle, les essuie-glaces surfant sur les trombes d'eau, les roues projetant une haie liquide de chaque côté de la voiture. Sous un pont un type embrassait une fille, leur parapluie comme un soleil chaviré. Cadin lâcha l'accélérateur. La Peugeot continua sur sa lancée et s'immobilisa, ruisselante, à deux doigts du fossé.

Cadin posa ses bras sur le volant et se mit à pleurer, refusant de s'en avouer les raisons.

Roissy
1987

Souvenir à la fenêtre

Le commissaire Londrin gara sa Daf banalisée face à l'entrée 8 de l'aérogare n° 1, sous le regard excédé d'un C.R.S. qui vint pesamment à sa rencontre, sa courte matraque lui battant la cuisse. Un Boeing d'El-Al s'arrachait au sol, un peu plus loin, après la fosse aux taxis, et Londrin n'entendit qu'imparfaitement l'amabilité du compagnon républicain de sécurité.

— ......gagez. .... pas encore........ panneaux !

Il tira son portefeuille de sa poche intérieure, par un coin du cuir, et il s'ouvrit dans le mouvement, comme un papillon qui prend son envol. L'excuse du C.R.S. se perdit dans le hurlement des réacteurs. Londrin regarda un éclat de ciel par une déchirure du béton en forme d'immense virgule. Des nuages sombres, effilochés, flottaient dans la clarté de la pleine lune. Les portes de verre glissèrent en silence et il suivit une femme de ménage en blouse bleue qui poussait d'une main son caddy hérissé de brosses tout en maintenant en ligne, de l'autre main, le large balai qui effaçait les traces des voyageurs fatigués. Partout des affiches criardes alertaient les candidats à l'évasion sur les dangers auxquels ils s'exposaient en acceptant de porter le bagage d'une vieille dame, d'un malade ou sur les conséquences implacables de l'oubli d'un sac au bas d'un guichet : *Destruction immédiate*. Londrin avait longtemps travaillé sur l'aéroport et ne se souvenait d'aucun meurtre, d'aucune tentative d'attentat. A une époque tout ce que la plate-forme comptait de grosses têtes planchait sur le principal danger qui menaçait les zincs au moment critique du décollage : les milliers de mouettes qui, non contentes de bombarder Roissy de leur fiente blanchâtre, s'engouffraient par nuées dans les réacteurs des jets. On avait essayé les faucons, mais les becs crochus avaient vite été mis en préretraite pour cause de rentabilité insuffisante. Depuis, des 4L munies de haut-parleurs sillonnaient les pistes, les champs, en diffusant le cri préenregistré du prédateur de la mouette.

Il y avait également eu l'alerte maximum déclenchée par la présence d'une innombrable colonie de lapins. Le réseau serré de galeries creusées sous les pistes les menaçait d'effondrement. Les énarques d'Aéroport de Paris avaient résolu le problème en organisant deux battues annuelles, les jours d'activité réduite, et les cageots débordant de dépouilles puant le kérosène étaient charitablement offerts aux hospices de la région.

Londrin descendit à l'étage « boutiquaire », dans les odeurs de pizza, de hotdog, de croque-monsieur, de fromage chaud. Un néon à bout de gaz clignait au-dessus d'une table verte. Un charter de vacanciers revenant d'Amérique du Sud s'était déversé à la terrasse des *Embarcadères*. Ponchos et sombreros... Il s'accouda loin des cris, au bar violet qui jouxtait le bureau de poste, et commanda une saucisse chaude et un demi. Il badigeonnait consciencieusement le sandwich de moutarde quand un type qui buvait seul à l'une des tables recouvertes de tissu rouge se leva et se dirigea vers lui en maintenant difficilement le cap. Il s'arrima au zinc.

— Salut, Londrin... Vous partez en voyage ?

Le commissaire se retourna et dévisagea l'homme miné par l'alcool qui s'était installé près de lui. Il effaça mentalement la moustache mal taillée, la barbe, les poches sous les yeux, le rictus qui déformait la bouche... Il ne parvint pas à faire correspondre ce qui résultait de ce lifting intellectuel, à l'un des signalements précis d'indic ou de malfrat professionnel opérant sur la plate-forme, qu'il conservait dans un coin de sa mémoire.

— Vous êtes sûr qu'on se connaît ?

Le pochard se renversa en arrière pour assécher son verre avant que les glaçons ne dénaturent trop l'alcool. Sa langue claqua comme un rappel.

— Bien sûr qu'on se connaît, commissaire... On a même travaillé ensemble.

Londrin repassa rapidement en revue la galerie de flics qui avaient bossé sous ses ordres depuis une quinzaine d'années, les ambitieux, les brutes, les cabochards, les pédés honteux, les ulcérés, les angoissés de la détente, les refoulés de l'antigang, mais pas un ne faisait l'affaire. Le type serrait son verre entre ses deux mains sans parvenir totalement à dominer le tremblement. Il fixa Londrin de ses yeux injectés de sang et le commissaire fit signe au barman de refaire le plein.

— Désolé... J'ai complètement oublié... Ça se passait ici ?

Le bord du verre grelotta contre ses dents mal soignées.

— Pas loin, à Courvilliers... On s'est croisé plusieurs fois... Merci pour la dose...

Londrin venait de croquer dans son sandwich. La peau de la saucisse céda avec un crissement de plastique. Il ingurgita sa bouchée et la noya de bière.

— C'est pas vrai ! Vous n'allez pas me dire que vous êtes Cadin !

— Si, en plein dans le mille... On a travaillé ensemble, c'est vite dit... Vous étiez à la pref et moi sur le bitume... On se voyait surtout dans les couloirs au moment de la distribution des fournitures...

Le commissaire faillit lui demander s'il planquait et si son accoutrement de clodo faisait partie de la panoplie. Il se souvint à temps des bruits qui couraient sur le compte de Cadin, à l'époque, son incompétence, sa manière d'entrer en relation avec les victimes, les coupables, son incapacité à camper de l'autre côté de la frontière.

— On vous a muté, à l'époque, non ? Où est-ce que vous avez atterri ?

— Oh! un peu partout... Ils m'ont fait visiter la France. Un an à Strasbourg, huit mois à Hazebrouck, un été à Courvilliers, six mois à Toulouse, trois mois ailleurs... Ils attendaient que je me salisse les mains, que je bêle avec le reste du troupeau... Ils m'ont viré à temps...

Deux gendarmes traversèrent le hall, serrant de près un Africain qui tenait un sac Tati, malgré les menottes.

— Vous n'êtes plus flic ?

Cadin ouvrit sa veste pour montrer qu'il ne portait pas d'arme.

— Non. Terminé, je coupe. Depuis deux ans. Clap de fin. Je me suis usé tout seul dans mon coin, comme une savonnette sous la douche. J'ai bossé pour le compte d'une agence de détectives privés, vers Toulon, mais c'est encore plus infect que le boulot de flic. Au lieu que ce soit le contribuable anonyme qui paye le sale boulot, c'est le mec aux larmes plein les yeux qui te tend les biftons... Tu n'as qu'une envie, les foutre dans ton verre le plus vite possible, pour les oublier... Les yeux, les larmes, les biftons...

Ils burent encore quelques verres ensemble et Londrin oublia la raison qui l'avait fait s'accouder à ce bar. Le patron baissa la grille courbe qui isolait son commerce.

Cadin s'accrocha à l'épaule du commissaire, se laissa traîner jusqu'à la porte n° 8 et se redressa en voyant les C.R.S. qui saluèrent Londrin. Cadin s'affala sur le siège passager de la Daf.

— Où est-ce que je vous dépose ?

Il tendit la carte avachie d'un meublé d'Aubervilliers. Londrin rattrapa l'autoroute du Nord et, pied au plancher, se faufila entre les camions belges et néerlandais tandis que Cadin baladait le curseur de la radio tout au long de la bande F.M. Il se bloqua sur une fréquence rock-nostalgie et poussa le volume à fond. Sonny and Cher roucoulèrent jusqu'au Bourget.

Little man,
When you stand by my side...

Ils traversèrent le quartier des soldeurs et filèrent le long du canal Saint-Denis. L'hôtel était bloqué entre une centrale béton et les bâtiments massifs d'une boîte d'électricité dont les toits en terrasse servaient de parking aux bennes vertes de la Ville de Paris. Le commissaire hissa Cadin dans l'escalier et poussa la porte d'une piaule occupée aux trois quarts par un lit à une place, une armoire en plastique mou et une table de camping. Il ouvrit la fenêtre pour chasser l'odeur confinée qui imprégnait jusqu'aux murs. Un type baladait son chien en contrebas, sur l'ancien chemin de halage. L'ex-inspecteur s'assit sur le bord de son lit de location et saisit la bouteille qui trônait sur la table de nuit, au milieu des verres sales et des plaquettes de médicaments.

— Vous en voulez un fond ?

Londrin refusa en lui tapant amicalement sur l'épaule et s'apprêtait à sortir quand Cadin l'appela.

— Ne partez pas...

Il tira brusquement le tiroir de la table de nuit, prit une liasse de papiers pliée en quatre et la tendit au commissaire.

— Tenez... Lisez...

Londrin déplia la trentaine de feuillets manuscrits, lut le titre qui barrait la première page, souligné de noir : SOUVENIR À LA FENÊTRE , et sourit à Cadin.

— C'est de vous ?

Il approuva et vida son verre d'un mouvement sec de la tête. Londrin rapprocha le tabouret de la table de camping et commença sa lecture.

SOUVENIR À LA FENÊTRE

Il ne sut jamais qu'en la possédant il signait son arrêt de mort mais pourtant il se souvenait précisément du lieu, de l'heure où il l'avait vue pour la première fois et de l'extrême excitation que cette rencontre avait provoquée en lui : c'était en fuyant la fête de la Sainte-Exupère de Trévières, dans la nuit du 5 au 6 août de l'année précédente, sur la route de Port-en-Bessin. Thérèse le tannait depuis des mois pour qu'il accepte de venir passer quelques jours de vacances dans ce bled de Normandie où elle était née. Il avait fini par se laisser faire et ils avaient loué un gîte sur la place du marché. Dès le lendemain de leur arrivée, sous leurs fenêtres, une douzaine de gars résignés déchargeaient des profondeurs de trois semi-remorques déglingués les éléments d'un autoscooter, d'un tir et d'une loterie, grinçant des dents à chaque fois que le patron, un petit costaud hargneux à moustaches, aboyait ses ordres. Le soir à neuf heures la sono avait commencé à débiter les chansons des recalés du Top 50, des presque tubes restés au fond des bacs par manque de promotion, de copinage, ou retirés des juke-boxes en raison de leur trop faible turn-over, que les forains rachetaient au kilo et balançaient à fond la caisse, tandis que des garçons de ferme engoncés dans leurs vêtements du dimanche fonçaient sur les vacancières boutonneuses, au volant de leur bagnole à élastique, et les projetaient contre les balustrades.

Ils avaient fait un tour à la fête, par curiosité, et Jean-Michel eut droit à un lot de consolation, un minuscule chien en peluche fabriqué à Taiwan, pour avoir logé trois balles sur cinq, sans appui, dans l'œil du pigeon-cible. Ils traînèrent devant le A tous les coups on gagne *sans se décider à tirer une enveloppe. Ils s'offrirent une pomme d'amour à la baraque des confiseries et la croquèrent à deux, face à face, en se frottant le nez.*

En moins de cinq minutes les joies de la Sainte-Exupère furent épuisées. Ils rentrèrent. La musique cessa aux alentours de minuit, bientôt remplacée par les cuivres et les tambours dépareillés de la fanfare des pompiers. Le feu d'artifice leur accorda un répit qu'ils essayèrent de mettre à profit pour s'endormir. La sono des autos-chocs les prit de vitesse.

A une heure du matin l'aiguille émoussée de la platine automatique du manège infernal s'abaissa, pour la septième fois depuis la veille au soir, sur le sillon de Je t'aime à l'italienne *et la voix de Frédéric François, déformée par l'usage, s'insinua sur les bords des boules Quiès dont Jean-Michel s'était garni les oreilles. Il se redressa brusquement en hurlant et arracha les minuscules tampons pour tenter de rattraper les mots qui naissaient sur les lèvres de Thérèse.*

— Qu'est-ce que tu dis ?

Elle s'était assise, le dos contre l'oreiller, maintenant le drap devant sa poitrine.

— Je dis que je n'en peux plus de tourner dans le lit en écoutant leurs conneries... Je craque.

Il se serra contre elle, l'embrassa sur le front et la dévisagea en riant tout en tirant le drap vers le bas. Sa tête vint se nicher au creux de ses seins.

— Tu as une proposition ?

Elle haussa les épaules et lui caressa les cheveux, les yeux dans le vague.

— Pas tout de suite... J'ai les nerfs en pelote... On pourrait faire un tour en voiture jusqu'à la mer, se promener sur la plage...

Il se leva et s'habilla.

Dehors, devant la porte, un type assis sur sa mobylette buvait à même la bouteille le mousseux tiède gagné au jeu de massacre tandis qu'Eddy Mitchell pataugeait dans son cimetière des éléphants. Deux gamines sans illusions attendaient que ça se passe, assises sur le capot de la Traction. Jean-Michel se planta devant elles.

— Qu'est-ce que vous foutez là ? Il y a des bancs sur la place ! Vous allez enfoncer la tôle...

Les filles se laissèrent glisser, sans un mot, un sourire fatigué aux lèvres. Le rivet d'un jean crissa sur la peinture noire. Jean-Michel passa le bout du doigt sur la rainure et les regarda s'éloigner en serrant les dents : le capot avait besoin d'un sérieux lustrage. Il s'installa sur le siège et mit le contact avant d'ouvrir la portière de Thérèse. Les phares éblouirent les conducteurs des autos-scooters quand il fit demi-tour pour placer la calandre aux chevrons dans la direction de Saint-Laurent-sur-Mer. Il collectionnait les voitures depuis trois ans, surtout des Citroën, achetant des véhicules à bout de course, dans les campagnes, et les retapant avec l'aide d'un réseau de passionnés regroupés autour d'un journal, Les Reines de la Route.

Le virus lui avait été transmis par l'un de ses seuls amis, Laurent, qui se séparait d'une Dyna-Panhard de 1954, ne pouvant l'emporter aux Etats-Unis où il comptait poursuivre ses études. Au début il avait eu un peu honte de tous ces regards qui se portaient sur lui dès qu'il approchait la clef de la serrure. Il était d'un naturel réservé et cette publicité que lui faisait sa voiture le contrariait. Une semaine après il ne pouvait plus s'en passer. La tonne d'aluminium, de ferraille, de caoutchouc garée devant sa porte lui avait permis d'entrer en relation avec des dizaines de personnes, de sympathiser avec plusieurs d'entre elles, d'échanger des centaines de sourires dans une ville aux visages aussi fermés que Paris. Il s'en était servi pendant six mois avant de tomber amoureux fou, au détour d'une rue, d'une Peugeot 203 décapotable dont la lunette arrière était masquée par un panonceau. Le bras d'un V s'y appuyait sur la jambe arrière d'un A majuscule. A Vendre. Un numéro de téléphone suivait. Il risqua un franc dans l'une des dernières cabines à pièces de la capitale. La propriétaire du véhicule se prénommait Thérèse. Elle habitait boulevard des Batignolles, au-dessus d'un magasin Ed, l'épicier discount, et de ses fenêtres on apercevait les dômes crémeux du Sacré-Cœur. Il n'acheta pas la voiture mais passa la nuit dans l'appartement. Ils s'aperçurent très vite qu'ils étaient faits pour vivre ensemble. Jean-Michel abandonna son studio de la porte Saint-Ouen et vint s'installer au pied de la colline où trônait le gâteau de Thiers.

Au début de l'été ils décidèrent de mettre en commun le produit de la vente de leurs deux voitures pour acheter l'une des toutes premières « Traction 15 Six H » à suspension hydropneumatique construites à moins de 3 000 exemplaires par Citroën entre 1954 et 1957, et dont on estimait les survivantes à une petite centaine. Puis ce fut au tour d'une « 11 Légère » rouge de construction britannique qu'ils retrouvèrent dans une grange, près de Mons, en Belgique, et que son propriétaire, un médecin à la retraite, leur céda au prix de la ferraille. Pendant plusieurs mois ils se mirent à la recherche d'une des mythiques « Traction 22 » à moteur huit cylindres dont la gamme avait été entièrement détruite avant guerre par Citroën. Ils écumèrent les garages de la Creuse et de la Haute-Vienne aiguillonnés par les confidences d'un correspondant de Les Reines de la Route*. En vain. Ils se rabattirent sur le superbe cabriolet à pare-brise escamotable et sellerie cuir qui filait vers Saint-Laurent-sur-Mer avec son capot griffé.*

Ils longèrent la côte, en direction de Grandcamp, et se promenèrent sur la plage déserte au sable gorgé d'eau. La marée n'avait pas encore libéré l'épave de la péniche de débarquement aux flancs de laquelle, l'été, les gamins raclaient leurs épuisettes à la recherche de crevettes transparentes. Ils se couchèrent sur une dalle, vestige d'un port éphémère, et firent l'amour dans le goût salé du vent. Ils rebroussèrent chemin, vers Colleville. Thérèse s'était endormie et il roulait lentement, sans à-coups, pour ne pas troubler son sommeil.

Jean-Michel cherchait un accotement assez large pour lui permettre de faire demi-tour sans manœuvrer. Il dépassa l'église. C'est à cet instant précis qu'elle fit irruption dans sa vie. Elle remontait du chemin côtier qui contourne la nécropole d'Omaha et ses 9 386 croix blanches et s'était arrêtée à hauteur du stop, attendant qu'il soit passé pour traverser la départementale. Son pied écrasa la pédale de frein. Malgré la faible allure de la Traction, Thérèse fut projetée vers le pare-brise et il eut juste assez de présence d'esprit pour la retenir avant qu'elle ne le heurte. Elle tourna son regard vers lui, affolée.

— Qu'est-ce qu'il se passe ?

Jean-Michel pointa le doigt vers la forme qui s'engageait majestueusement sur la route et braquait en direction de Port-en-Bessin.

— Regarde...

Il tourna un bouton, nerveusement, et ses phares illuminèrent la carrosserie qui s'éloignait. Thérèse plissa les yeux, un instant éblouie.

— Eh bien quoi ? C'est une D.S.

Jean-Michel prit appui sur le volant, se rejeta contre le dossier en cuir, les bras tendus, et poussa un cri de victoire. Elle le fixait, mi-amusée, mi-inquiète.

— Une D.S., ça ? Tu dors encore ou quoi !

— C'est quoi alors ? Je l'ai à peine vue...

Pour toute réponse il enclencha la première et appuya sur l'accélérateur avec tant de brusquerie que les roues avant de la Traction patinèrent sur l'asphalte. Des graviers crépitèrent sur la tôle des portes. Le faisceau de ses feux de route accrocha bientôt les lignes fuyantes de la Citroën Maserati. Jean-Michel vint se coller à l'arrière de la voiture. Ils eurent à peine le temps de lire les deux rectangles fixés sur le retour du hayon : « S.M. » et « Opéra », que le conducteur, agacé par le reflet des phares de la Traction dans ses rétroviseurs, lançait ses 180 chevaux à pleine puissance. Une fumée bleutée brouilla les inscriptions. L'écart se creusa, comme par enchantement, et la voiture disparut dans l'une des successions de virages de cette route respectueuse du tracé des propriétés. Jean-Michel se lança à la poursuite de la dernière folie en date des ingénieurs de Citroën. Sur une route aussi défoncée et sinueuse que celle-là il pouvait rivaliser avec n'importe quelle voiture moderne. L'aiguille du compteur de la Traction flirtait avec le chiffre 120 et il doutait que la S.M. puisse faire mieux, malgré ses six cylindres. Il était certain de combler son retard en une dizaine de kilomètres. On ne lui en laissa pas le temps : la S.M. prit un chemin de campagne, à l'entrée de Sainte-Honorine-des-Pertes, et s'engouffra à l'intérieur d'un garage aménagé dans une ancienne grange. Jean-Michel éteignit ses lumières. Ils attendirent que tout se soit calmé dans la maison et le jour se levait quand Thérèse s'aventura jusqu'au portail pour relever le nom qui figurait sur la boîte aux lettres. Elle revint et lui tendit le morceau de papier sur lequel elle avait écrit furtivement Charles Faivre.

— Tu ne vas quand même pas t'enticher d'une S.M. ! Elles n'ont même pas vingt ans... Moi je me sens bien avec la décapotable...

Il leur arrivait quelquefois de ne pas être du même avis, mais rarement de s'affronter. Jean-Michel mit l'irritation de Thérèse sur le compte de la fatigue et lui prit les mains.

— Ecoute, chérie : je suis entièrement d'accord avec toi... Si c'était une S.M. normale j'aurais fermé les yeux pour ne pas la voir. Mais celle-là, c'est une « Opéra », une des dix S.M. quatre portes jamais construites. En plus elle a un toit ouvrant. C'est Chapron qui a remodelé la carrosserie... Je savais qu'elles existaient, ils en ont parlé une fois dans Les Reines de la route *mais je ne m'attendais pas à en croiser une à trois heures du matin en pleine campagne normande !*

Ils discutèrent tout au long de la semaine suivante de direction à rappel asservi, de vitres électriques, de carburateurs double corps, de châssis monocoque. Ils eurent plusieurs longues conversations téléphoniques avec le rédacteur en chef de la revue qui insistait, sentant la bonne affaire, pour connaître le lieu d'où ils appelaient. Le vendredi matin Thérèse se rendit aux arguments de Jean-Michel et ils se présentèrent devant la villa de Sainte-Honorine-des-Pertes sans même savoir si le propriétaire de la S.M. désirait se séparer de son véhicule.

Charles Faivre, un homme d'une soixantaine d'années, légèrement voûté, les reçut dans son jardin et les fit asseoir sous un mûrier qui bourdonnait de guêpes. Il désigna la Traction garée dans le chemin.

— Elle est superbe comme ça, découverte...

Il se tourna vers Jean-Michel.

— Elle est de 38, non ?

Il acquiesça d'un mouvement de tête. Charles Faivre avait les larmes aux yeux. Il toussa pour dissimuler son émotion.

— J'ai eu à peu près la même pendant vingt ans, une verte, couleur d'origine, tout cuir, avec la montre au tableau de bord... Un imbécile me l'a volée devant la halle aux poissons de Port-en-Bessin et il n'a rien trouvé de mieux que d'aller s'écraser sur un poteau à Courseulles en voyant une estafette de gendarmerie sortir d'un chemin... Je

me suis rabattu sur une D.S. 23 Pallas, puis sur une S.M. Rien à dire, c'est du moderne mais je ne me suis jamais remis de ce désastre.

Il fixa Jean-Michel, une nouvelle fois.

— Vous ne seriez pas vendeur, par hasard ?

Thérèse se tourna vers Jean-Michel, et ils éclatèrent de rire.

Quelques mois plus tard, au printemps, alors qu'ils participaient à la concentration annuelle de véhicules rares organisée par le musée de Mulhouse, Thérèse lui annonça qu'elle attendait un enfant. Ils longeaient les toits crénelés des filatures Dolfuss-Mieg, au pas, derrière une vingtaine d'autres modèles prestigieux quand elle prit sa main qu'il avait maintenant l'habitude de laisser reposer sur le pommeau du levier de vitesses de la S.M., et la serra contre son ventre.

— Nous serons bientôt trois...

Il retira vivement sa main et freina, pris d'une soudaine panique Les chromes de la Fleetwood Eldorado qui le suivait à moins d'un mètre, vinrent s'aplatir contre le pare-chocs de la Citroën.

— Tu es enceinte ? Comment ça se fait...

Thérèse lui fit un signe de tête : le conducteur de la Cadillac s'était précipité à la portière et ses lèvres s'agitaient sans qu'aucun son ne leur parvienne. Un poisson hors du bocal. Jean-Michel appuya sur l'un des boutons de la commande centrale et sa vitre s'abaissa lentement. La voix, haut perchée, lui fit courir un frisson désagréable dans le dos.

— Vous ne pouvez pas faire attention ! L'entourage de ma plaque d'immatriculation est complètement enfoncé...

— On verra ça tout à l'heure, avant la réception... Vous n'allez pas en faire une maladie !

Son doigt écrasa la commande fléchée et la glace vint l'isoler de la grimace outragée du propriétaire de la Fleetwood. Il se tourna à nouveau vers Thérèse, presque heureux d'avoir évacué une grande partie de son agressivité.

— Alors, je t'écoute.

— Ça fait plus d'un an que j'essaie de t'en parler... Je ne pense qu'à ça, à notre enfant... mais à chaque fois que j'aborde le sujet, tu te lèves, tu trouves quelque chose à faire, un truc qui n'attend pas...

Elle éclata en sanglots. Il s'approcha, ne sachant comment la consoler mais elle le repoussa, tendrement.

— Non, écoute-moi jusqu'au bout... Même si tu ne veux pas de cet enfant, je te préviens, je le garderai. Contre toi... Contre nous deux...

Jean-Michel posa ses coudes sur le volant, incapable de négocier leur première véritable crise. Son cœur s'affolait, comme lorsqu'il avait poussé la Maserati à fond, une nuit sur l'autoroute, et qu'il avait eu peur de ne pouvoir prendre un virage. Il aspira profondément et maintint l'air dans ses poumons.

La dernière voiture du défilé, une impressionnante Delahaye exceptionnellement sortie des hangars de l'ex-collection Schlumpf pour l'occasion, les dépassa en klaxonnant.

— Thérèse, ne dis pas des choses pareilles. Je t'en supplie. Elles me font autant de mal qu'à toi. Je te crois si tu dis que tu as essayé de m'en parler. Je ne m'en suis pas rendu compte... Sincèrement... Je n'ai que vingt-trois ans et on n'a pas encore eu assez de temps pour nous... Tu comprends ?

Elle était parvenue à dominer ses pleurs.

— Non, je ne comprends pas. Ce n'est pas un enfant qui nous volera du temps... Il en aura pour lui... Tes parents se sont bien occupés de toi...

La colère le reprit au seul mot de parents. C'est précisément cela qu'il ne voulait pas être, un parent.

— Arrête, Thérèse, tu ne sais pas de quoi tu parles !

Il était trop tard. La poche de silences factices accumulés au cours de leurs deux années de vie commune crevait d'un coup. Thérèse le défia. Elle criait presque.

— Si justement, parlons-en. Ça aussi c'est un sujet qu'il est impossible d'aborder avec toi. Tu n'en as jamais dit un mot même quand mes parents ont insisté pour les rencontrer. Ça rime à quoi ? Ce n'est pas parce que tu es parti de chez eux à dix-sept ans qu'il faut les considérer comme morts... Ce n'est pas parce que ton frère aîné a rompu avec eux que tu dois faire obligatoirement la même chose...

Jean-Michel sentit ses mâchoires se crisper. Ses ongles s'enfoncèrent dans le rembourrage du volant. Il hurla, les yeux pleins de larmes.

— Assez ! Ferme-la, à la fin...

Elle le regardait, horrifiée, et porta ses mains vers le visage déformé par la haine.

— Jean-Mi, pardonne-moi... Je n'ai pas voulu te faire mal...

Il évita la caresse tout en essayant de plaquer un sourire sur ses traits, ce qui eut pour effet de le rendre encore plus inquiétant.

— Tu veux faire la connaissance de ces ordures, c'est bien ça ?

Il ne lui laissa pas le temps de répondre.

— D'abord ce n'est pas à dix-sept ans que je suis parti, mais à un peu plus de seize... Tu crois que ça les a empêchés de dormir ? Non ! Ils étaient trop heureux d'être débarrassés de moi, du colis ! Ils n'ont même pas prévenu les flics. Rien. J'aurais pu crever ou me faire ramasser par n'importe qui, ils s'en foutaient.

Il renifla avant de la regarder droit dans les yeux.

— Ce sont ces salauds-là que tu veux que j'embrasse en les appelant « papa », « maman »? D'accord, on va aller les voir, mais ne viens pas te plaindre ensuite de devoir fré-

quenter la pire des pourritures qui fermentent dans ce pays ! Il sera trop tard.

Ils rentrèrent directement à l'hôtel. Le type à la Cadillac faisait les cent pas dans le hall et fonça droit sur la S.M. dès qu'il l'aperçut.

— Alors, pour tout à l'heure, qu'est-ce que l'on fait ?

Jean-Michel le bouscula d'un coup d'épaule, comme s'il n'existait pas. Surtout sa voix de fausset qu'il ne lui pardonnait pas.

— Ne m'emmerdez pas avec votre tas de tôle, ce n'est pas le moment !

Thérèse esquissa un geste d'apaisement et ils s'engouffrèrent dans l'ascenseur. Cette nuit-là, ils dormirent séparément, pour la première fois depuis leur rencontre. Thérèse avala un Valium, en cachette, et s'endormit brutalement, les deux mains arrondies sur son ventre. Jean-Michel avait tiré l'un des lits jumeaux vers la fenêtre. Il ne bougeait pas, le regard bloqué sur le rai de lumière qui venait de la rue. La silhouette sèche de sa mère se dessinait dans le pli du rideau. Il ne pouvait se la représenter que vieille, décharnée. Jamais ses lèvres n'avaient effleuré sa joue et s'il se souvenait de sa voix, ce n'était qu'en raison des insultes abominables dont elle l'abreuvait, aussi loin que remonte sa mémoire... Il avait essayé de l'aimer, de lancer ses bras autour de son cou, à Noël, à la fête des mères. Elle tendait ses mains squelettiques vers lui et bloquait ses élans de tendresse. Il en sortait meurtri, et restait des heures dans son lit, à griffer l'oreiller en se promettant de la tuer quand il serait assez grand. Son père ne lui inspirait pas de haine. De la peur tout au plus. C'était une brute épaisse portée sur la bouteille et qui ne se remettait pas d'avoir passé une grande partie de sa vie à replier le drapeau et à montrer le fond de son pantalon d'uniforme aux Chinetoques et aux fellouzes qu'il croyait mater en un tournemain.

Lui, sa main lui était familière : il se la prenait sur la gueule plus souvent qu'à son tour. Ce qu'il redoutait par-dessus tout, c'était les soirs de carnet, quand les notes n'étaient pas fameuses et que le vieux avait noyé sa nostalgie impériale dans le morgon. Il sursauta dans son lit au souvenir de la gifle puis il se vit traîner dans le couloir par un bras, une jambe... L'eau dans la baignoire et son front contre l'émail, l'eau du matin avec ses auréoles savonneuses... Il se débattait sans jamais prononcer le mot « papa ».

— Lâche-moi... Tu n'es qu'un salaud... Au secours...

Sa mère passait la tête par la porte de la salle de bains. Le visage d'une morte.

— Laisse-le, Alain, je crois qu'il a compris...

Il haussait les épaules.

— Si on vous écoutait, vous les bonnes femmes, il faudrait tout leur passer...

Et sa poigne sur la nuque de Jean-Michel, le forçant à plonger la tête dans l'eau.

Il ne put retenir un sanglot qui lui parut résonner de manière démesurée dans la pièce silencieuse. Il s'immobilisa, tous les sens en éveil, pour vérifier que Thérèse n'avait pas surpris cette plainte.

Il se réveilla très tôt le lendemain matin, avec l'impression d'avoir passé la nuit à boire. Il avait mal aux yeux, à la tête. Il prit, dans le sac de Thérèse, un cachet qui l'écœura, avant de descendre dans le hall où il se bloqua devant le minitel. Il pianota le nom, puis :

PRÉNOM : Alain

RUBRIQUE : ....

ADRESSE : Chemin Carbonesse

LOCALITÉ : Hyeres

La machine afficha automatiquement le nom du département, VAR, puis le téléphone : 91 33 45 26. Il remonta dans la chambre. Thérèse s'étirait. Il lui tendit le papier sur lequel il venait de reporter le numéro.

— Appelle-les.

Elle s'assit sur le lit, alourdie par le sommeil.

— Qui ?

— Tu sais bien...

Elle prit la feuille, tira le téléphone près d'elle et composa le numéro en vérifiant chaque chiffre sur le papier. Jean-Michel s'empara du combiné. Cela sonna dans le vide, une douzaine de fois.

— Allô... (La voix de sa mère trahissait l'inquiétude, le téléphone, si tôt...) C'est moi, Jean-Michel... Oui, je sais que ça fait longtemps... De votre côté, c'est la même chose... (Il s'impatienta.) Bon, tu me laisses parler ? Voilà : je suis pratiquement marié... On va avoir un enfant, et Thérèse veut vous rencontrer, au moins une fois... Oui c'est ça, tu as raison, moi je m'en serais passé... On arrive en fin d'après-midi et on repartira le soir. Non, on ne restera pas manger. Je viens de te dire que c'est juste pour qu'elle vous voie.

Il raccrocha et désigna l'appareil comme s'il le prenait à témoin.

— Tu es satisfaite ?

— Non... Je croyais te faire plaisir et tu piétines tout... Qu'est-ce que tu cherches ? Tu me fais peur, Jean-Michel, oui, peur.

Elle se leva d'un bond et s'enferma dans la salle de bains.

Ils quittèrent Mulhouse en fin de matinée, sans même saluer les organisateurs de la manifestation qu'ils croisèrent dans le hall. A peine avait-il posé le ticket du péage dans le vide-poches qu'il passait la cinquième vitesse bloquant l'aiguille du compte-tours à la limite de la zone rouge. La S.M. glissait en silence sur la voie de gauche que personne ne lui contesta jusqu'à Lyon. De temps en temps

Thérèse hasardait une question, principalement à l'approche d'une station.

— Tu n'as pas besoin de prendre de l'essence ?

Il faisait comme si elle n'existait pas et les panneaux « Total » ou « Shell » disparaissaient dans le cadre du rétroviseur. Un peu avant Aix-en-Provence la vitesse de la voiture tomba brusquement à 150 et Jean-Michel avait beau appuyer sur la pédale d'accélérateur, le moteur refusait de monter en régime. Une Jaguar l'obligea à se rabattre sur la file de droite, à coups de projecteurs. Vingt kilomètres plus loin ils se traînaient derrière une file de camions, à moins de 100 à l'heure. Ils arrivèrent à Hyères à la tombée de la nuit, redoutant de caler en plein carrefour et de devoir pousser la S.M. pour repartir. Ils la laissèrent au garagiste Citroën qui occupait l'angle de l'avenue des Palmiers et du chemin Carbonesse et qui diagnostiqua immédiatement une panne de la pompe électrique d'alimentation d'essence.

— Je n'ai pas la pièce, il faut que j'aille la chercher à Toulon...Revenez demain en fin de matinée, ce sera prêt.

Ils parcoururent les trois cents derniers mètres à pied. La clôture et le portail étaient aussi prétentieux que dans ses souvenirs. De la pierre, du faux marbre, du fer forgé, le tout hérissé de pointes torsadées pour décourager les voleurs de cerises et de pêches... Il écrasa la sonnette et laissa son pouce deux fois plus de temps qu'il n'était nécessaire. Thérèse remettait un peu d'ordre dans sa coiffure. La porte s'ouvrit et une femme très frêle apparut sur le perron.

— C'est ta mère ?

La réponse siffla entre ses dents.

— Qui veux-tu que ce soit d'autre... Ma sœur ?

Elle descendit la dizaine de marches avec prudence, une main sur la rampe fixée dans la façade, l'autre crispée sur son collier de perles blanches, et traversa le jardin. Elle n'avait pas changé d'une ride, tout était parfaitement en place. Elle engagea la clef dans la serrure du portail, le tira vers elle en s'arc-boutant et les invita à entrer.

— Bonjour, mademoiselle...

Thérèse baissa la tête pour répondre à son salut. Jean-Michel se décida à jouer la provocation, dès le début, et se pencha vers sa mère pour l'embrasser. Il s'attendait à la voir se figer pour éviter le contact... Elle tendit sa joue parcheminée et lui rendit son baiser avant qu'il se soit remis de sa stupeur. Puis elle les prit par le bras, Thérèse et lui, et leur fit les honneurs du jardin. Son père était accroupi sous l'auvent et soufflait sur les braises réticentes d'un barbecue. Il se redressa et lui tendit une main généreuse. Jean-Michel y mit la sienne. Il ne parvint pas à saisir son regard qui glissait sur lui comme de l'eau sur de l'huile. Son père avait énormément grossi, sa tête se raccrochait directement aux épaules et le cou semblait évanoui dans la graisse. Il bougonna une phrase de bienvenue, faisant trembloter sa collection de mentons. A l'intérieur rien n'avait changé. Le musée de leur vie sans intérêt. Il profita de ce que sa mère lui tournait le dos pour poser la main sur la poignée de porte de la chambre qu'il occupait avec son frère, face à la leur. La pièce était entièrement vide, le papier arraché.

Ils mangèrent des grillades, protégés des piqûres des moustiques par une sorte de grosse machine électrique aux rayonnements violets et qui émettait une sorte de grésillement désagréable dès qu'un insecte se posait sur l'un de ses éléments. Thérèse évoqua timidement sa grossesse. La mère de Jean-Michel eut une phrase pour dire sa joie d'être grand-mère, avant de passer à autre chose. Ils dormirent dans la chambre d'amis aménagée sous les combles. Thérèse était perplexe : elle ne retrouvait pas les parents effrayants peints par Jean-Michel mais leur froideur, leur désintérêt, étaient perceptibles sous le vernis de convivialité obligée. Elle vint se coller au dos de Jean-Michel.

— On voit qu'ils ont l'habitude de vivre seuls... Ils sont

gênés d'être avec d'autres personnes... C'est elle qui m'a paru la plus bizarre : elle ne nous a même pas demandé si on préférait avoir une fille ou un garçon... Quand j'en ai parlé à ma mère, ça a été sa première question...

Il remua pour se retrouver face à elle.

— Ils jouent la comédie... Ils se foutent complètement de nous et de notre gosse. Si tu descends au premier, regarde dans quel état ils ont mis ma chambre... Il n'y a plus une seule trace de mon passage, ni de celui de mon frère. Cherche une photo de lui ou de moi sur un buffet, dans un tiroir...

Il l'attira vers lui.

— C'est pour toi que je suis retourné ici... Maintenant c'est fait, tu as vu... Oublie-les et ne m'en parle plus.

Ils se levèrent un peu après dix heures. Les parents de Jean-Michel déjeunaient en tête à tête dans la cuisine et voulurent leur laisser la place.

— Non, finissez tranquillement... On va aller prendre la voiture au garage, elle doit être prête... Je peux me garer devant le portail, ça ne gêne personne ?

Son père s'essuya la bouche et se leva.

— Je vais t'ouvrir et tu la rentreras. Les poubelles ne vont pas tarder à passer...

Le garagiste pianota la facture sur son ordinateur.

— Voilà. Elle peut repartir pour cent mille kilomètres...

Il les regarda avec insistance, une lueur d'envie dans les yeux.

— C'est la deuxième S.M. quatre portes qui me passe entre les mains... C'est presque une récréation de travailler là-dessus...

Il accepta néanmoins le chèque que Jean-Michel lui tendait en échange des clefs. Ils remontèrent le chemin au pas et pénétrèrent dans l'allée gravillonnée menant à la villa. Le soleil tapait en plein milieu du pare-brise, effaçant la maison de leur champ de vision. Jean-Michel plaça la voiture sous le mûrier et appuya sur les deux boutons commandant l'ouverture automatique des fenêtres, pour aérer l'habitacle, avant de descendre. Le cri le figea sur place. Il leva la tête. Sa mère, debout sur le perron hurlait à la mort, les mains plaquées sur les oreilles, le nez au ciel. Thérèse se précipita alors que le père de Jean-Michel disparaissait dans la cuisine. Il en ressortit quelques secondes plus tard, un fusil de chasse à la main. Thérèse tenta de s'interposer. Il l'abattit d'une décharge en plein cœur. Jean-Michel voulut fuir mais les plombs lui scièrent les jambes. Il s'affala contre la carrosserie de la S.M. et ses ongles filèrent sur la peinture métallisée.

L'odeur de l'herbe... La douleur... Il se mit sur le dos. Les yeux noirs, monstrueux, du fusil. Et loin, loin, très loin, posé sur la rainure, le visage violacé de son père, sa bouche qui prononçait en bavant ce prénom oublié.

— Tu es revenu juste pour ça, pour nous narguer... Mélanie, reviens avec nous, je t'en prie Mélanie...

Jean-Michel fit un effort pour reconstituer cette image qui lui échappait depuis si longtemps... Sa mémoire, brouillée par la peur, lui resservit l'intérieur de la S.M., le volant, les boutons. Les cris de sa mère couvraient tout, des cris qui appartenaient autant à ses souvenirs qu'au moment présent.

Le doigt, là-bas, s'enfonça sur la détente et tout explosa.

Quand les gendarmes arrivèrent, la S.M. finissait de brûler. Alain était assis près du barbecue, son fusil posé sur les genoux. Sa femme sanglotait sur les marches du perron. Le brigadier Carnoulles s'approcha, la main serrée sur la crosse de son pistolet et prit l'arme.

— Pourquoi tu as fait ça, Alain... C'était des vieilles histoires...

Le meurtrier, hébété, tenta de se mettre debout en s'appuyant sur l'épaule du brigadier avec lequel il avait passé tant d'années en Indochine, en Algérie.

— Qu'est-ce qu'il avait besoin de venir nous provoquer avec cette voiture...

Carnoulles l'aida à se maintenir droit. Il se tourna vers la carcasse fumante.

Il était là, à Hyères, en 1971 quand Alain, son ami, avait acheté une Citroën Maserati quatre portes carrossée par Chapron. Une merveille. Jean-Michel avait quatre ans et Mélanie tout juste dix-huit mois. Les deux gosses jouaient dans la voiture alors que leurs parents préparaient un panier, pour la plage. Leur grand frère lisait, allongé sur la pelouse en écoutant la radio. Mélanie avait passé la tête par la fenêtre. Jean-Michel se prenait pour un champion à son volant. Sa main potelée s'était posée sur la commande des vitres électriques... La glace était montée vers le ciel, brisant le cou de la petite soeur.

On emportait les corps. Le brigadier Carnoulles emmena Alain jusqu'à l'estafette. Il aurait préféré se taire mais le silence était trop lourd.

— C'était un gosse à l'époque... Il ne s'en rappelait peut-être même pas...

Les doigts broyèrent son épaule.

— Comment ça, il ne le savait pas ? C'est lui l'assassin... Pas moi...

Il l'allongea sur le banc, derrière l'ordinateur, et décrocha le téléphone. Malgré tout, les mots de l'habitude prirent le dessus.

— Ici Carnoulles... Affaire réglée... Envoyez une dépanneuse.

Le commissaire Londrin reposa la trentaine de feuillets entre les verres sales, sur la table de nuit, attendant que l'ancien flic lui demande ce qu'il en pensait. Cadin s'était redressé, les épaules sur son oreiller, et il l'observait en silence, la tête appuyée au mur. Un sommier grinçait en cadence, de l'autre côté de la cloison, et Londrin se força à parler pour ne pas y penser.

— Vous en avez écrit d'autres ?

Cadin se contenta de remuer la tête, négativement.

— Non, c'est la seule...

Les ressorts gémirent à nouveau.

— Pourquoi ? C'est pas mal du tout... Vous devriez vous y remettre... Des salades comme ça, dans notre boulot, on en voit pratiquement tous les jours... Je suis sûr que ça part d'une histoire vraie...

Cadin tendit le bras vers la bouteille de scotch qu'il renversa sur la moquette pelucheuse. Il se pencha pour la récupérer et avala une longue gorgée d'alcool. Il fixa Londrin, les yeux humides.

— Il n'y a plus rien à écrire... Jean-Michel, c'était mon frère.

Aubervilliers
1989

Epilogue albertivilliarien

Il habitait au-dessus de la charcuterie, au troisième, et tous les matins à partir de sept heures les odeurs de chou, de friture, de palette bouillie montaient l'escalier. Le patron cuisinait des plats pour les vendeuses, les employés municipaux, les ouvriers des chantiers proches, et dès la fin du premier mois Cadin avait été capable de repérer le jour de la semaine aux effluves qui passaient sous sa porte. Lundi-hachis Parmentier, mardi-côte de porc en sauce, mercredi-foie grillé, jeudi-couscous, vendredi-saucisse de Toulouse... De l'autre côté du carrefour, les néons jaunâtres de la poste vide éclairaient le trottoir désert. Il se leva et s'approcha de la fenêtre. La lumière bleue d'aquarium des télés vibrait derrière les rideaux de l'immeuble qui lui faisait face. Les guirlandes d'un arbre de Noël clignotaient dans le coin d'une salle à manger près d'un écran où s'agitaient, pour la dixième fois de la journée, les images écœurantes et malhabiles du procès Ceaucescu.

Cadin se laissa tomber sur le lit et prit le cahier qui traînait par terre, au milieu des journaux défaits. Son regard accrocha une coupure glanée à Courvilliers, bien des années plus tôt :

UN HOMME SE NOIE DANS L'ESPOIR
D'ÊTRE RÉINCARNÉ EN POISSON

Le corps d'un homme âgé d'environ 60 ans a été retrouvé hier dans la Seine, au pont de Bezons (Val-d'Oise). Edmond Lebrun, dont l'adresse nous est inconnue, portait sur lui une longue lettre dans laquelle il proclame sa foi en la réincarnation et son souhait de revivre, dans l'eau, sous la forme d'un poisson.

Les chaussures des invités du voisin de palier martelèrent le carrelage du couloir. Vibration de sonnette, effusions. Cadin tourna la page.

TUÉ PAR UN PUMA

Denis Valuin, vingt ans, récemment libéré de la maison d'arrêt de Valence, après un mois de prison pour vol, a été découvert nu, émasculé, la carotide tranchée dans la cage des pumas du parc zoologique de la Barben, près de Salon-de-Provence. Ses habits ont été retrouvés, pliés, de l'autre côté du grillage, et il semble que le jeune homme se soit lui-même offert en pâture aux félins. Les services de police consultés précisent qu'ils conservent dans leurs archives une dizaine de cas de ce genre.

Deux voiture s'accrochèrent près du Crédit lyonnais et les conducteurs s'installèrent sur le capot meurtri pour placer des croix dans les cases du constat. Cadin tendit le bras vers un livre dont la couverture reproduisait un tableau de Hopper, *Camel's Hump,* détail. Un soir, dans un café de Belleville, un type lui avait raconté les derniers jours de l'auteur du bouquin, Brautigan, une légende que les alcoolos littéraires devaient colporter dans tous les bars de la planète. Le privé était parti de Babylone, complètement bourré, pour Paris où on lançait la traduction française d'un de ses livres. Dix heures dans la carlingue, au-dessus des mers, à se dézinguer consciencieusement. Une traversée suivie de trois jours de coma éthylique entre Saint-Michel et Saint-Germain, dans l'incapacité totale de rejoindre le moindre studio, de répondre aux sollicitations des journalistes. Un autre zinc dans lequel on l'enfourne, direction Tokyo, pour une opération du même genre. Whisky, cognac, saké... Retour sur la côte ouest, une semaine plus tard, la tête cassée par une cuite planétaire. L'hosto. La mort à quarante ans. Et des poussières...

Il l'ouvrit à la dernière page et en lut un passage, sans même s'apercevoir qu'il se baladait dans la postface : *...telles sont les vraies disparitions ; sur leur tombe, en guise de croix, une antenne de télévision.*

Cadin déchiffra sa propre écriture, dans la marge du cahier : *Un homme s'immole par le feu, dans sa baignoire, rue de la Glacière...* Il se revoyait encore lire la brève dans un restaurant d'Hazebrouck et se souvenait de la tête du type assis à la table voisine qui avait pris le journal avant qu'il ait eu le temps de déchirer le bout de page qui l'intéressait. Il s'attarda sur un fragment sans titre du *Nouvel Observateur* :

A la suite d'une très violente altercation avec son frère, Claude Sinson s'est aspergé d'essence térébenthine et s'est passé autour du cou la laisse de son chien. Il a ensuite enjambé la fenêtre de sa cuisine et s'est pendu contre la façade du pavillon qu'il venait tout juste de finir de construire. Il a eu le réflexe d'allumer le briquet qu'il tenait dans sa main et s'est enflammé immédiatement devant les yeux horrifiés des gens du quartier alertés par les échos de la dispute. La laisse a brûlé à son tour et le corps calciné de Claude Sinson s'est écrasé au sol.

On dansait sur Johnny Clegg dans l'appartement du dessus.

PENDU AVEC SES CHAUSSETTES

Un jeune lycéen de quinze ans interpellé par le vigile d'un grand magasin de la région lyonnaise à la suite d'un vol à l'étalage, a été découvert mort dans le local réservé aux fouilles. Le vigile avait pourtant pris soin de lui retirer sa ceinture, sa cravate avant de sortir pour prévenir le policier chargé de la surveillance du centre commercial. Le jeune garçon a mis à profit les trente minutes d'absence du gardien pour détricoter l'une de ses chaussettes de laine et en tresser le fil pour se fabriquer un lien d'environ un mètre de long avec lequel il s'est pendu en l'accrochant à une patère fixée au mur.

Cadin mit de l'ordre dans la pièce en pensant à cet homme serré dans le quartier de force de l'hôpital psychiatrique de Collin-sur-Seine et qui n'avait trouvé comme moyen d'en sortir, *définitivement,* que l'ingestion de trois ou quatre pleines poignées de la bourre dont on gonflait les matelas... Il grimpa sur la chaise, leva le bras pour atteindre l'étagère et chercha à l'aveugle en tapotant de la main derrière la valise. Il saisit le linge graisseux et vint s'asseoir sur le bord du lit. Les pointes du mouchoir se déplièrent sur ses cuisses. Ses doigts se refermèrent sur la crosse du pistolet. Cadin fixa le cadran à affichage digital du radio-réveil. Les secondes rouges défilaient sur leur trame numérique. 52... 53... 54... A 55 il posa le canon contre sa tempe. A 56 son index droit entra en contact avec la détente. Il respira longuement, une dernière fois, et appuya, les yeux grands ouverts au moment exact où les chiffres de 23 h 59 mn 59 s s'effaçaient pour être remplacés par une théorie de zéros.

Dehors on se mettait à klaxonner, les fenêtres s'ouvraient sur les cris de joie, les baisers, les chants.

Le monde entrait dans les années 90.

Aubervilliers, 12 janvier 1990.

DU MÊME AUTEUR

Aux Éditions Gallimard

Dans la collection Série Noire

MEURTRES POUR MÉMOIRE (Folio n° 1955). Grand prix de la Littérature policière 1984 — prix Paul-Vaillant-Couturier 1984

LE GÉANT INACHEVÉ (Folio n° 2503), prix 813 du Roman noir 1983

LE DER DES DERS (Folio n° 2692)

MÉTROPOLICE (Folio n° 2971)

LE BOURREAU ET SON DOUBLE (Folio n° 2787)

LUMIÈRE NOIRE (Folio n° 2530)

Dans la collection Page Blanche

À LOUER SANS COMMISSION

Aux Éditions Denoël

LA MORT N'OUBLIE PERSONNE (Folio n° 2167)

LE FACTEUR FATAL (Folio n° 2396), prix Populiste 1992

ZAPPING (Folio n° 2558), prix Louis-Guilloux, 1993

EN MARGE (Folio n° 2765)

UN CHÂTEAU EN BOHÊME (Folio n° 2865)

MORT AU PREMIER TOUR

Aux Éditions Verdier

AUTRES LIEUX
MAIN COURANTE
LES FIGURANTS

Aux Éditions Julliard

HORS-LIMITE

Aux Éditions Manya

PLAY-BACK (Folio n° 2635)

Aux Éditions Baleine

NAZIS DANS LE MÉTRO

Aux Éditions Hoebecke

À NOUS LA VIE ! Photos de Willy Ronis

Aux Éditions Parole d'Aube

ÉCRIRE EN CONTRE (entretiens)

Impression Bussière Camedan Imprimeries
à Saint-Amand (Cher),
le 24 mars 1998.
Dépôt légal : mars 1998.
1er dépôt légal dans la collection : décembre 1991.
Numéro d'imprimeur : 981851/1.
ISBN 2-07-038450-0./Imprimé en France.

86394